AF329929

THÈSE

POUR LE

DOCTORAT

DROIT ROMAIN

DROIT DE PRISE D'EAU

DROIT FRANÇAIS

Régime légal des Cours d'eau non navigables ni flottables

Léon CAZABONNE

Chef du Cabinet du Préfet du Cher

BOURGES

IMPRIMERIE DE A. JOLLET, RUE DES ARMURIERS

1873

THÈSE

POUR LE

DOCTORAT

DROIT ROMAIN

DROIT DE PRISE D'EAU

DROIT FRANÇAIS

Régime légal des Cours d'eau non navigables ni flottables

Léon CAZABONNE

Chef du Cabinet du Préfet du Cher

BOURGES

IMPRIMERIE DE A. JOLLET, RUE DES ARMURIERS

1873

INTRODUCTION

De tout temps, l'emploi de l'eau comme moteur hydraulique et comme agent fertilisant attira l'attention des nations civilisées, et fut l'objet des études des hommes de science, des agronomes et des jurisconsultes. Le régime des eaux occupa une place importante dans la législation et même dans la religion des peuples antiques de l'Orient. Aujourd'hui encore, les riches plaines de l'Asie continuent d'être fécondées par des travaux hydrauliques considérables, débris des gigantesques entreprises du passé.

Le sol de l'Assyrie était sillonné par d'innombrables dérivations de l'Euphrate et du Tigre, dont quelques-unes avaient un cours de vingt à vingt-cinq myriamètres. Lorsque les eaux des fleuves étaient trop basses, le lac Nitocris, immense réserve contenant un milliard de mètres cubes, ouvrait ses écluses et fournissait pendant quatre mois l'eau nécessaire à la navigation intérieure et à l'irrigation des terres. De nos jours il reste encore, autour des villes de Bagdad et de Bassorah, des canaux qui s'étendent jusqu'à dix lieues dans les campagnes voisines.

Dans la Perse, où les eaux courantes sont rares, on recherche les sources dans la terre pour les conduire, par des galeries souterraines sur le sol que l'on veut arroser. Ces aqueducs, nommés *karyz*, ont une longueur qui varie d'une à quinze lieues. Ils sont d'origine fort ancienne : Polybe en attribue l'invention aux Perses qui, d'après lui, en introduisirent l'usage en Médie ; pour en propager l'établissement, ils accordaient aux Mèdes, pendant cinq générations, l'usufruit libre des terres nouvellement arrosées.

L'Inde, malgré les invasions qui l'ont bouleversée, a conservé un grand nombre d'étangs et de canaux artificiels. Dans cette contrée, l'eau est une chose sacrée. Le législateur Manou infligeait des peines sévères à celui qui volait l'eau, à celui qui l'avait frauduleusement vendue, à celui qui l'avait souillée ; il défendait à un roi vainqueur de détruire les ouvrages hydrauliques de son ennemi vaincu. On voit, encore aujourd'hui, des dévots mendier pendant plusieurs années pour faire creuser un étang ou un canal:

Un système bien ordonné de lois rurales se révèle en Chine par la distribution des eaux, par l'immensité des terres arrosées, par le nombre infini de canaux qui coupent le pays en tout sens, par les grandes dérivations qui, après avoir épuisé des fleuves considérables, vont se perdre dans des milliers de rigoles. Là aussi, la religion a constamment accordé son appui à l'agriculture.

En Egypte, tout dépendait du débordement périodique du Nil et du bon état des aqueducs. De nombreux travaux furent exécutés pour régulariser l'action fécondante du fleuve; le plus étonnant fut le lac Moeris, destiné à recueillir les eaux du Nil dans les années de fortes crûes, pour les rendre aux époques de disette; on a calculé qu'il devait contenir de quatre à cinq milliards de mètres cubes d'eau. Des lois définissaient et protégeaient les droits des villes et des chefs sur les eaux, en opéraient le partage, réglaient le curage de certains canaux, l'entretien des dérivations, l'emplacement des écluses et machines hydrauliques. Des juges spéciaux prononçaient sur les conflits et contraventions en matière d'eaux. Tous ces magistrats et le souverain lui-même étaient soumis au pouvoir religieux.

Malgré ses relations avec l'Egypte, la Grèce, préoccupée des institutions politiques et commerciales, négligea les ressources de l'art hydraulique. Les guerres continuelles entre des Etats très-morcelés, arrêtaient le développement de l'agriculture ; d'ailleurs, le génie des Hellènes et leur situation géographique les poussaient plutôt vers le commerce et la navigation. On trouvait cependant quelques travaux destinés à utiliser les eaux dans l'Attique et dans la Béotie.

Les Romains reconnurent l'importance de l'eau au point de vue agricole : *Etiam precor lympham*, — disait Marcus Terentius Varro, dans son traité *de re rustica*, — *quoniam sine aqua omnis misera est agricultura*. Mais les grands aqueducs qui furent construits dans l'empire, étaient surtout destinés au luxe et à l'agrément, et les Romains restèrent fort au-dessous des peuples orientaux, dans l'art d'employer l'action fécondante des eaux.

Parmi les nations européennes, l'Espagne, l'Italie et le Midi de la France ont conservé quelques-unes des pratiques apportées de l'Orient. L'Italie surtout, dans ses provinces du Nord, est justement fière de son régime des eaux.

DROIT ROMAIN

DROIT DE PRISE D'EAU

CHAPITRE Ier

ACQUISITION DU DROIT DE PRISE D'EAU

§ 1. — C'est un principe du droit naturel, adopté et consacré par le droit civil, que les eaux courantes doivent être rangées parmi les choses communes, c'est-à-dire celles dont la propriété n'est à personne, et dont l'usage est commun à tous (§ 3 *Inst.* 2, 1). L'eau qui se renouvelle sans cesse peut servir à un usage momentané ; un passant peut s'y désaltérer, il peut y abreuver ses troupeaux ; mais ce n'est que dans cette limite que le principe est vrai. Il n'est pas permis à tous de détourner l'eau courante et de l'employer comme bon leur semble.

L'eau, le fluide isolé, seule est une chose commune ;
le cours d'eau, considéré dans son ensemble avec
ses rives et son lit, constitue un objet susceptible
d'appropriation, et qui dépend tantôt du domaine
public, tantôt de la propriété privée.

L'eau courante provenant d'une source ou d'un
cours d'eau privé, ne peut être utilisée par personne
d'une manière préjudiciable au maître du sol. Celui
qui voudrait s'arroger le droit de détourner les
eaux ou de les absorber d'une manière quelconque,
qui prétendrait se créer un droit de puisage ou
d'abreuvage, celui-là usurperait sur la chose
d'autrui. De plus, comme les riverains sont seuls
en position de profiter de l'eau pour la détourner,
les propriétaires d'héritages éloignés ne sauraient
imposer aux champs intermédiaires l'obligation de
supporter les travaux nécessaires pour amener l'eau
jusque chez eux.

Lorsqu'il s'agit d'une rivière dépendant du domaine public, il semble que le principe que l'eau
courante est une chose commune doive être appli-
qué dans toute son étendue, et que tout citoyen
puisse utiliser cette eau de la manière qu'il voudra.
Chacun peut y naviguer, y débarquer, y exercer des
droits de puisage et d'abreuvage. Telle est la destination naturelle de ces cours d'eau, et, pour cette
raison, la loi a voulu que l'usage des rives fut
commun comme celui du fleuve lui-même (§ 4,
Inst. de divis. rer. 2, 1). Mais, ici, des considérations
d'intérêt général restreignent l'étendue du principe.
Un cours d'eau, fleuve ou canal, appartenant au
peuple et servant à un usage public, est, avant tout,

destiné à cet usage ; et la loi veille à ce que les particuliers ne viennent pas, dans leur intérêt personnel, amoindrir, détourner ou absorber ces cours d'eau.

Cependant l'agriculture, les besoins des populations, la salubrité des villes nécessitent l'usage de l'eau d'une façon permanente ou périodique ; il en résulte l'établissement de travaux hydrauliques qui amènent l'eau d'un fleuve ou d'une source jusqu'au lieu où elle doit être utilisée. Mais ces travaux ne peuvent être faits que par celui qui a obtenu le droit de détourner l'eau pour l'employer à son usage, par celui qui a acquis le droit de prise d'eau. Ce droit ne peut être accordé que par les personnes ayant la faculté de dispose du cours d'eau, qu'il s'agisse d'eaux publiques ou d'eaux privées.

§ 2. — Il semble qu'en droit romain, du moins à partir de Justinien, les cours d'eau de quelque importance dépendent tous du domaine public; *flumina omnia et portus publica sunt*, disent les Institutes (§ 2, *de divis. rer.* 2, 1).

Avant Justinien, il est incontestable qu'il y avait des fleuves appartenant à des particuliers. On trouve au Digeste un texte de Marcien ainsi conçu : *flumina pœne omnia et portus publica sunt* (L. 4, § 1, D. 43, 12). Le recueil des traités des *agrimensores* nous apprend que des cours d'eau assez considérables étaient compris dans les attributions de l'*ager publicus* faites aux particuliers (Agenus Urbicus p. 70 édit. Goës ; Siculus Flaccus p. 19). Dans l'établissement des colonies militaires, sous l'empire, on voit des cours d'eau compris dans les *adsignationes* ; le voisinage de l'eau était considéré comme un avantage qui compensait la diminution de terrain (Frontinus, *de controversiis agrorum* p. 51). Il y avait cependant des exceptions reproduites par Siculus Flaccus, de *conditione agrorum* p. 157 ; Hyginus, de *cond. agr.* p. 120 ; Agenus Urbicus p. 84. Il résulte de ces textes qu'on pouvait disposer des cours d'eau de trois manières : 1° les attribuer aux particuliers ; 2° les ranger dans les *subseciva*, terrains impropres à la culture et n'entrant pas dans le partage des terres ; 3° les ranger dans les *excepta*, territoire réservé à la colonie ou au peuple romain. Les vastes terrains, les *latifundia*, usurpés par les patriciens sur l'*ager publicus*, comprenaient des cours d'eau considérables (Senec. épist. 89) ; mais ces *possessiones* ne perdirent leur caractère de précarité que depuis la Constitution de Théodose et Honorius, en 423 (L. un., C. Théod. *de rei vind.* 2, 23) (1).

(1) Le territoire primitif de Rome, désigné sous le nom d'*Ager Romanus* et encore aujourd'hui sous celui d'*Agro Romano*, était divisé en propriétés privées dès le règne de Numa. A mesure que les conquêtes s'étendirent, le sol des peuples vaincus fut attribué au peuple romain. Les portions vendues à l'encan s'appelaient *agri quæstorii* ; celles qui étaient partagées entre les citoyens, *agri divisi et assignati* ; ces terres passaient ainsi dans la propriété privée. Les terrains restés à l'Etat constituaient l'*ager publicus* ; on désignait sous le nom d'*agri vectigales* les terrains déjà cultivés que l'Etat affermait pour un prix périodique ; les *agri occupatorii* étaient les portions de l'*ager publicus* dont l'Etat concédait la jouissance au premier occupant moyennant une redevance en fruits. Les patriciens, usant de leur influence dans l'administration, usurpèrent les *agri vectigales* et les *agri occupatorii* pour des redevances très-faibles ou même nulles.

Il y avait donc dans l'empire romain des *flumina publica* et des *flumina privata*, suivant que ces cours d'eau dépendaient de l'*ager publicus* ou de l'*ager privatus*; le caractère légal du cours d'eau était une question de fait et résultait de l'attribution.

La navigabilité n'était pas un criterium puisqu'il y avait des fleuves publics non navigables ainsi qu'il ressort de la loi 1, § 2, et de la loi 2. pr. Dig. *de fluminibus*, 43,12. Il y avait aussi des fleuves navigables qui n'étaient pas publics : *Si autem flumen privatum sit, cessabit interdictum*, dit Ulpien (L. 1, § 4, D. eod.), en parlant de l'interdit *ne quid in flumine publico ripave ejus fiat quo pejus navigetur* ; ce qui serait une naïveté dans le cas contraire (voir aussi même loi § 12).

La perennité du cours d'eau déterminerait le caractère du fleuve, suivant Ulpien : *Fluminum quœdam publica sunt, quœdam non. Publicum flumen esse Cassius definit, quod perenne sit. Hœc sententia Cassii, quam et Celsus probat, videtur esse probabilis* (L. 1, § 3, D. 43, 12). Il faut remarquer que ce texte n'a trait qu'à la navigation ; le jurisconsulte recherche quels sont les fleuves auxquels s'applique l'interdit *ne quid in flumine publico*, et non quels sont ceux qui font partie du domaine public. Et même, en prenant cette phrase dans son sens absolu, et en admettant qu'Ulpien ait voulu déclarer que tous les fleuves perennes étaient publics, la timidité avec laquelle s'exprime le jurisconsulte, le soin qu'il a d'invoquer l'autorité de Celsus et de Cassius, font voir, du moins, que ce n'était là qu'une opinion discutée. Il y a, du reste, des eaux publiques qui ne sont pas perennes : les sources, les puits, les lacs, les étangs, les torrents, toutes les eaux qui naissent et coulent dans l'*ager publicus*, appartiennent au peuple romain.

Il est difficile d'admettre que Justinien eût voulu introduire une réforme sur ce point, et attribuer au peuple romain la propriété de tous les fleuves. Un changement aussi important aurait laissé dans sa législation d'autres traces que la simple suppression du mot *pœne* dans le texte de Marcien. On n'aurait pas laissé subsister dans le Digeste les nombreux textes qui mentionnent des *flumina privata*. Probablement, les Institutes n'entendent déclarer tous les fleuves publics qu'en ce qui concerne l'usage ; ce que tendrait à prouver la suite du paragraphe en parlant du droit de pêche ; ce que confirme le § 4, en disant que l'usage des rives est public comme celui du fleuve même, alors que la loi reconnaît que les rives dépendent de la propriété privée.

§ 3. — Pour qu'un droit de prise d'eau puisse être obtenu, certaines conditions sont nécessaires :

1º L'eau que l'on veut détourner doit être perenne, c'est-à-dire se renouvelant d'une manière continue: *nulla alia aqua duci potest, nisi quæ perennis est* (L. 1, § 5, D. 43, 20). On ne peut pas dériver l'eau d'un lac ou d'un étang (L. 28, D. 8, 2,). Cujas admet une exception lorsqu'il s'agit d'un lac *vivus et perpetuus* (Obs. lib. XI cap. III). Mais il n'est pas nécessaire que l'eau passe constamment dans les conduites pratiquées. Les eaux qu'on n'emploie que pendant l'été, *aquæ æstivæ*, peuvent être l'objet d'une prise aussi bien que les eaux dont on se sert tous les jours *aquæ cottidianæ;* car les premières diffèrent des secondes moins par leur nature que par l'usage que l'on en fait et l'intention de celui qui s'en sert (L. 1, § 3, D. 43, 20).

2° Un droit de prise d'eau ne pouvait être concédé qu'autant que l'eau était prise *a capite* : *Caput aquæ* dit Ulpien, *illud est unde aqua nascitur ; si ex fonte nas- catur, ipse fons ; si ex flumine vel lacu, prima incilia vel principia fossarum quibus aquæ ex flumine vel ex lacu in primum rivum communem pelli solent* (L. 1 § 8 D. 43, 20). Cependant l'usage permit d'établir la prise d'eau dans un lieu quelconque (L. 9 D. 8, 3).

Lorsqu'il s'agissait d'un aqueduc public, un séna- tus-consulte défendait de détourner l'eau dans les conduites , et ne permettait de la prendre qu'aux châteaux d'eau, afin que les canaux et tuyaux pu- blics ne fussent pas exposés à être fréquemment endommagés . (Frontinus , *De aquæductibus urbis Romæ n°* 106). Cependant l'empereur pouvait accor- der l'autorisation de détourner les eaux des canaux aussi bien que des châteaux d'eau (L. 1 §§ 40 et 41 D. 43, 20).

Ces conditions remplies, on peut être autorisé à détourner l'eau, non-seulement pour arroser les champs ou abreuver les troupeaux, mais encore pour l'employer dans un but d'utilité personnelle ou d'agrément. Cette faculté peut avoir pour objet des eaux chaudes aussi bien que des eaux froides, car ces eaux peuvent être amenées à un établisse- ment de bains, ou même utilisées pour l'irrigation des champs (L. 1 §§ 13 et 14 D. 43, 20).

Le droit de prise d'eau résulte soit d'une concession de l'autorité administrative s'il s'agit d'un cours d'eau public, soit d'un droit de propriété ou de servitude s'il s'agit d'une eau privée.

§ 4. — Les fleuves et les canaux publics étaient placés sous la surveillance de l'autorité administrative, exercée par le préteur comme magistrat de police administrative et plus tard par l'empereur. Le préteur en cette matière intervenait par des interdits spéciaux.

L'interdit *ne quid in flumine publico ripave ejus fiat quo pejus navigetur* (Dig. 43, 12) avait pour but de protéger la navigation ; il prohibait toute entreprise qui aurait pu gêner la marche ou le stationnement des bateaux. Cet interdit prohibitoire était complété par un interdit restitutoire qui, en cas de contravention, ordonnait le rétablissement des lieux en l'état primitif (L. 1, §§ 19 et 20, h. t.)

L'interdit *ut in flumine publico navigare liceat* protégeait également la navigation ; il défendait de troubler par la violence celui qui conduisait un bateau sur un fleuve public, qui le chargeait ou le déchargeait sur la rive ; il s'appliquait encore à la navigation sur les lacs, les étangs et les canaux publics (L. un. § 1, D. 43, 14). Cette protection s'étendait au moyen d'un interdit utile aux fermiers des lacs et étangs publics pour l'exercice de leur droit de pêche (§ 7, eod.). Cet interdit assurait encore la faculté d'abreuver les troupeaux dans les fleuves publics ; mais il ne pouvait être invoqué par celui qui aurait voulu creuser la rive de façon à faire un abreuvoir (§ 8, eod.).

L'interdit *ne quid in flumine publico fiat quo aliter aqua fluat atque uti priore œstate fluxit* avait pour but d'empêcher le changement du cours d'un fleuve ou les dérivations faites sans concession. Il protégeait surtout les intérêts des riverains (L. un. § 1. D. 43, 13). Il défendait toute entreprise qui aurait modifié non-seulement la quantité de l'eau courante, mais encore la pente et la vitesse du courant au détriment des riverains (§ 3 eod.). Cependant, lorsqu'il s'agit de fortifier la rive, s'il y a utilité reconnue à faire des ouvrages à la suite desquels le cours du fleuve est modifié, le préteur pourra accorder une exception *ripæ muniendæ causa*. Cet interdit était *populare*; il s'appliquait à tous les fleuves publics, navigables ou non. Il avait pour complément un interdit restitutoire ordonnant le rétablissement des lieux en l'état primitif, en cas d'infraction (§§ 11 et 12. h. t.).

L'interdit *de ripa munienda* (Dig. 43, 15) protégeait celui qui voulait réparer ou soutenir la rive d'un cours d'eau public, dans son intérêt particulier, à la condition de ne pas nuire à la navigation. Le voisin auquel ces travaux causent un préjudice peut exiger une caution, *arbitratu boni viri* pour le dommage qui pourra en résulter dans les dix ans (1). La caution doit être exigée avant la confection des travaux; une fois les travaux terminés, s'il n'a pas

---

(1) *Is qui ripam vult munire de damno futuro debet vel cavere vel satisdare secundum qualitatem personæ* (§ 3. h. t.) Si celui qui fait l'ouvrage est un propriétaire ou un possesseur de bonne foi, on ne peut lui demander qu'une *nuda repromissio*; si l'ouvrage n'est pas fait par le maître du sol, il faut une *satisdatio*, engagement garanti par fidéjusseurs (L. 30 § 1 D. 39, 2).

été fourni caution, et s'il survient un dommage, le voisin lésé ne pourra agir qu'en vertu de la loi *Aquilia* (§ 4, h. t.) Les mêmes principes s'appliquaient aux riverains opposés. Les jurisconsultes étendaient la protection accordée par l'interdit *de ripa munienda* aux riverains des fleuves, à ceux des lacs, canaux et étangs publics.

Pour détourner l'eau d'un fleuve public, il fallait une concession accordée anciennement par le préteur (L. 10, § 2, D. 39, 3). Le droit d'accorder ces concessions fut, dans la suite, réservé à l'empereur seul (L. 1, §§ 41 et 42, D. 43, 20; L. 5, C. J. 11, 42).

L'autorisation devait être refusée toutes les fois que la prise d'eau aurait nui à la navigation; que l'eau fut empruntée à un fleuve navigable ou à un fleuve qui en rendait un second navigable (L. 10, D. 39, 3; L. 2, D. 43, 12).

La concession était accordée tantôt aux terres, tantôt à la personne (L. 1, §§ 43 et 44, D. 43, 20). Plusieurs personnes pouvaient être autorisées à prendre l'eau d'un fleuve, à condition de ne pas nuire à leurs voisins, ou même aux riverains opposés, si le fleuve était étroit (L. 3. § 1, D. 43, 20).

Des canaux publics importants et nombreux avaient été établis autour des villes pour fournir l'eau nécessaire aux besoins des habitants, à la salubrité des villes, aux établissements de bains. Les aqueducs de Rome avaient été construits sous la direction des censeurs, chargés des grands travaux publics qu'ils effectuaient avec les fonds de l'Etat, sur les excédants de recettes, à chaque renouvelle-

ment de lustre (1). La réparation et la surveillance
des aqueducs étaient confiées, sous la République,
aux édiles et aux censeurs; à la fin de la République
ou vers le commencement de l'empire, un magistrat
spécial, le *curator aquarum*, qui devint, à Constan-
tinople, le *consularis aquarum*, fut investi de ces
soins. Frontinus, auquel on doit de si précieux
renseignements sur cette matière, remplit ces
fonctions sous l'empereur Nerva.

Les aqueducs étaient l'objet d'une surveillance
très-rigoureuse. Anciennement, il ne se distribuait
pas d'eau pour les particuliers; les citoyens ne
pouvaient détourner que les eaux dites *caducœ*,
c'est-à-dire celles qui s'écoulaient des réservoirs;
l'eau n'était cédée que pour les bains publics et
les foulons (Front. *de Aquœd.* n°s 94, 110, 111).
Plus tard, les censeurs, et, à leur défaut, les édiles
purent accorder des concessions d'eau; enfin, cette
faculté fut réservée à l'empereur seul; les droits se
payaient aux fermiers des aqueducs.

Celui qui veut user de l'eau d'un aqueduc public
doit obtenir la permission du prince par une péti-
tion qu'il remet au *curator aquarum;* le *curator*
effectuera la concession après autorisation de l'empereur. L'adjoint au *curator* indique la dimension
de l'orifice qui convient à la quantité accordée; le
tuyau adapté à cet orifice doit avoir la même
dimension, au moins jusqu'à cinquante pieds de

____

(1) Administration des travaux publics à Rome, par M. Labatut.
— Revue critique de législation et de jurisprudence, tome 31,
livraison de nov.-déc. 1867.

distance ; la concession est notifiée aux fermiers (Front. *de Aquæd.*, nᵒˢ 105 et 106). Les tuyaux des particuliers devaient être munis d'un *calice*, ajutage de bronze d'une dimension déterminée ; défense était faite d'adapter aux réservoirs ou conduits publics des tuyaux plus grands ou des tuyaux sans *calice* qui auraient pu être élargis ou resserrés au gré des fontainiers.

La concession était personnelle ; elle ne passait ni à l'héritier, ni à l'acquéreur ; les thermes seuls en jouissaient perpétuellement. Elle durait tant que les mêmes personnes étaient en possession du terrain pour lequel elle avait été obtenue ; si elle avait été faite à des associés, elle durait tant qu'il subsistait une des personnes qui l'avaient obtenue en commun (Front., nᵒ 108).

Des peines sévères frappaient ceux qui employaient les eaux publiques sans en avoir le droit. Quiconque perçait ou tentait de percer les conduits ou réservoirs était condamné à rétablir les choses en leur ancien état ; de plus, une amende était prononcée par le *curator aquarum* ou, à son défaut, par le préteur pérégrin (Front. nᵒ 129). Les propriétaires riverains qui perçaient les canaux sans autorisation étaient punis par des amendes et la confiscation des champs irrigués au mépris de ces dispositions ; des amendes étaient aussi prononcées contre les fermiers publics qui favorisaient ces contraventions (Front. nᵒ 97 ; LL. 2, 3, 4, 6, 7, 8, 9, C. Theod. 15, 2 ; LL. 2, 3, 4, 6, 9, 10, 11, C. J. 11, 42).

§ 5. — En ce qui concerne les eaux privées, il

faut distinguer suivant qu'elles naissent et coulent sur le fonds de celui qui veut les dériver, ou sur le fonds d'autrui.

Les eaux qui naissent sur un fonds appartiennent au maître du sol : *portio agri videtur aqua viva* (L. 11 pr. D. 43, 24). L'usage de ces eaux est une conséquence du droit de propriété. On peut creuser un puits, faire jaillir une source sur son propre fonds, alors même que les eaux s'écoulent sur un fonds inférieur appartenant à un étranger ; ce fonds est tenu de recevoir les eaux qui viennent naturellement du fonds supérieur (L. 1, §§ 14, 22, 23, D. 29, 3).

Les eaux qui naissent et coulent sur le fonds d'autrui ne peuvent être détournées sans la volonté de celui qui a le droit d'en user, c'est-à-dire du propriétaire du fonds (L. 4, C. Just. 3, 34). Le droit de détourner ces eaux ou de s'en servir résulte du consentement, exprès ou tacite, du propriétaire du fonds. Il faut aussi obtenir le consentement des tiers qui ont un droit antérieur à l'usage des mêmes eaux ; car une nouvelle concession peut préjudicier à leurs droits.

C'est tantôt une concession personnelle qui ne passe ni à l'héritier ni à l'acquéreur, comme on en trouve un exemple au Digeste (L. 37, lib. 8, tit. 3) ; tantôt, et c'est là le cas le plus fréquent, un droit réel grevant un fonds au profit d'un autre fonds, une servitude prédiale. Le droit de dériver l'eau, combiné avec celui de la faire passer sur le fonds d'autrui, constitue la servitude d'aqueduc.

CHAPITRE II

EXERCICE DU DROIT DE PRISE D'EAU

§ 1. — Caractères de la servitude d'aqueduc.

§ 2. — Acquisition de la servitude d'aqueduc.

§ 3. — Etablissement des conduites d'eau ; entretien et curage.

§ 4. — A quelles époques et dans quelle mesure on peut user du droit de détourner l'eau.

§ 5. — Protection accordée à celui qui a le *jus aquæ ducendæ*.

§ 6. — Obligations des tiers à l'égard de celui qui a le *jus aquæ ducendæ*.

§ 1. — Pour user du droit de détourner l'eau, il faut, le plus souvent, la faire passer sur des fonds appartenant à des étrangers ; le droit de conduire l'eau à travers ces fonds, constitue, à proprement parler, la servitude d'aqueduc (L. 1, *in fine* D. 8, 3).

C'est une servitude prédiale grevant un fonds au profit d'un autre fonds. En général, c'est une servitude rurale ; on trouve cependant un exemple de servitude d'aqueduc considérée comme servitude urbaine dans la loi 11, § 1 Dig. *de publiciana in rem actione*, lib. 6, tit. 2. Il en était ainsi probablement lorsque la servitude s'exerçait au moyen d'un canal en pierres et en maçonnerie ; c'est alors une servitude qui éveille l'idée de construction, et, par suite, présente le caractère d'une servitude urbaine ; du reste, c'était là un cas exceptionnel (L. 17 § 1, D. 39, 3). MM. Machelard et Demangeat pensent que le *jus aquæ ducendæ* constitue une servitude urbaine lorsqu'il a pour but de fournir l'eau aux habitants d'une maison ; cette opinion ne me paraît pas devoir être adoptée, la nature du fonds dominant n'a, en droit romain, aucune influence sur le caractère de la servitude ; ainsi le droit de passage est toujours présenté comme une servitude rustique sans distinguer s'il a été établi au profit d'un bâtiment ou d'un fonds de terre ; inversement le droit de gouttière est toujours une servitude urbaine, alors même que le fonds servant est un terrain non bâti (L. 2, D. 8, 2).

La servitude d'aqueduc réunit tous les caractères des servitudes prédiales.

1° Elle doit avoir une *causa perpetua ;* elle doit présenter un état de choses naturel et permanent, tel que, d'abord, l'exercice actuel n'en rende pas impossible l'exercice futur ; et que, en second lieu, son exercice n'entraîne pas l'intervention du propriétaire du fonds servant ; car l'obligation imposée à celui-ci consiste à ne pas faire ou à souffrir quelque chose, jamais à agir lui-même (L. 15, § 1. D. 8, 1). Aussi ne peut-on obtenir le *jus aquæ ducendæ* qu'autant qu'il s'agit d'une eau *perennis.*

2° La servitude suppose nécessairement deux immeubles appartenant à des propriétaires différents (§ 3, Inst. 2, 3) ; c'est une qualité du fonds ; elle doit procurer un avantage ou un agrément qui augmente la valeur du fonds dominant, abstraction faite des goûts et des occupations du propriétaire actuel. Cependant Labéon reproduit une hypothèse dans laquelle il croit possible d'établir une servitude qui n'est pas utile au fonds dominant : une personne, en aliénant un fonds, le grève par *deductio* d'une servitude d'aqueduc, alors que cette servitude ne lui offre aucun avantage (L. 19, D. 8, 1). Il est probable que le jurisconsulte n'entend parler que de l'utilité qui ne se présente pas actuellement, et que les avantages qui pourront en résulter dans la suite viendront justifier l'établissement de la servitude.

La servitude doit profiter directement au fonds dominant; l'eau doit être amenée sur le fonds déterminé dans la constitution de la servitude, à telle partie du fonds qu'il plaît au propriétaire, à moins qu'une partie n'ait été spécialement désignée ; dans ce cas, la servitude aurait été établie en faveur d'une partie déterminée du fonds. On permet cependant de faire arriver l'eau sur un fonds confinant celui en faveur duquel la servitude a été établie, à condition que cela n'en aggrave pas l'exercice (L. 1, § 16, D. 43, 20).

3° La servitude est indivisible ; une partie de la servitude ne peut pas faire l'objet d'une obligation (L. 17, D. 8, 1). Elle grève la totalité du fonds servant au profit de la totalité du fonds dominant; elle ne peut pas être constituée au profit d'un co-propriétaire par indivis d'un fonds sans profiter aux autres ; elle ne peut pas être établie au profit d'une part indivise d'un fonds, ni grever une part indivise, mais elle peut être établie en faveur d'une part certaine et déterminée ou grever une part certaine et déterminée (L. 6 et L. 11, D. 8, 1 ; L. 6, § 1, D. 8, 4).

Si le propriétaire du fonds dominant acquiert une part indivise du fonds servant, la servitude n'en continue pas moins de subsister sur les autres parties : *per partes retinetur servitus, licet ab initio per partes adquiri non poterit* (L. 8, § 1, D. 8, 1).

La servitude, due à un fonds, est due à toutes ses parties. Cependant, si le fonds est divisé en portions déterminées entre plusieurs propriétaires, ceux dont les parts sont le plus éloignées du fonds servant devront, pour jouir de la servitude, obtenir le droit de faire passer l'eau sur les portions qui en sont proches (L. 23, § 3, D. 8, 3).

D'un autre côté, la servitude grève la totalité du fonds servant. Elle peut, d'après une convention expresse, ne porter que sur une part déterminée ; dans ce cas, on ne pourra faire passer l'eau que sur la portion affectée à la servitude (L. 6, D. 8, 1). S'il n'y a pas eu de partie déterminée, il faut distinguer, suivant Pothier : Si la servitude a été léguée *per damnationem*, l'héritier assignera pour la conduite d'eau telle partie du fonds qu'il voudra, à condition qu'il n'y ait pas fraude pour le légataire (L. 26. D. 8, 3) ; si la servitude a été constituée entre vifs ou léguée *per vindicationem*, une région est déterminée et affectée définitivement à l'exercice de la servitude (L. 13, § 1, D. 8, 3) (1). Bien que la servitude porte sur tout le fonds, cette partie étant affectée à son usage, les autres seront censées libres.

On ne peut pas faire passer l'eau sur les parties du fonds servant bâties ou plantées (L. 9, pr. D. 8, 1 ; L. 22 D. 8, 3).

(1) Comme ces deux textes (L. 26, D. 8, 3 et L. 13, § 1, D. 8, 3) parlent d'une servitude léguée, la distinction de Pothier paraît rationnelle ; elle est conforme aux principes généraux du droit.

Il faut aussi respecter les droits antérieurement acquis par des tiers sur l'immeuble servant. On ne peut pas construire une arcade pour conduire l'eau au-dessus du passage d'un autre; réciproquement, celui qui a un droit de passage ne peut pas construire un pont au-dessus du canal d'un autre (L. 11 pr. D. 39, 3). Il est permis d'établir une arcade au-dessus du canal d'un tiers, pourvu que cela ne nuise pas à la conduite d'eau de ce tiers (L. 3, § 6, D. 43, 20). Il est défendu d'établir un conduit souterrain au-dessous du canal d'un autre; la loi 11 pr. D. 39, 3, défend de faire passer l'eau *per specum* au-dessous de la conduite d'un tiers; mais elle permet l'établissement d'un *cuniculum*; comme le *specus* et le *cuniculum* ne diffèrent pas, Cujas propose de lire dans ce texte : *at si specus cuniculum....*, au lieu de : *at si specus, non cuniculum....* (Obs. lib. XVI, cap. XVII).

La rencontre d'un lieu sacré ou religieux empêche l'établissement de la servitude, parce que la servitude, étant un droit réel sur la chose d'autrui, ne peut grever que des objets *in commercio* (L. 1. D. 8, 2). Pour faire passer l'eau sur un lieu public, il fallait une permission de l'empereur : *a principe peti solet ut per viam publicam aquam ducere sine incommodo publico liceat.* (L. 14, § 2. D. 8, 1; L. 18 § 1. D. 39, 3).

La servitude n'est ni perdue ni acquise si elle est léguée à un fonds commun entre deux personnes qui ne sont pas d'accord sur l'emplacement (L. 28 D. 8, 3.)

§ 2. — La servitude d'aqueduc s'acquiert, en général, par les mêmes modes que les servitudes rurales, à savoir :

1° D'après l'ancien droit civil,

(a) La *cessio in jure*, la *mancipatio*, l'*adjudicatio* dans les actions divisoires : pour que, dans ces actions, le *judex* pût attribuer un droit de servitude à l'une des parties, il fallait qu'il y eut *judicium legitimum*, et que les deux fonds fussent soumis à son pouvoir (L. 17. § 1, L. 18 D. 10, 3).

En règle générale, les servitudes prédiales considérées isolément et non comme accessoires d'un fonds, ne pouvaient pas être acquises par usucapion, d'après les dispositions de la loi Scribonia ; d'ailleurs, les servitudes étant des droits incorporels, n'étaient pas susceptibles de tradition ni de possession (L. 43, § 1. D. 41, 1 ; L. 4, § 29. D. 41, 3). Il y avait une exception pour les prises d'eau : Paul admet que celui qui a laissé périr un droit d'aqueduc ou de puisage par le non-usage durant deux ans, peut le recouvrer par l'usucapion, s'il l'exerce pendant deux ans, après l'avoir perdu (§ 2. Sent. 1, 17). (1)

(b) Le legs *per vindicationem*, le legs *per præceptionem* ; cette dernière forme de legs fut assimilée à la

______

(1) On a prétendu que ce texte de Paul signifiait simplement que des actes de jouissance, accomplis avant l'expiration du délai de deux ans, prévenaient l'extinction du droit. S'il en était ainsi, comme cela est vrai de toutes les servitudes, le jurisconsulte n'aurait pas parlé spécialement du droit d'aqueduc. De plus, cette interprétation est contraire au sens du mot *recipitur*, qui indique bien une nouvelle acquisition d'un droit perdu.

première par l'école proculienne, doctrine consacrée par un rescrit d'Adrien (Gaii Com. II §§ 221 et 222; L. 12 C. J. 6, 37). Si le testateur, usant de la formule du legs *per damnationem*, impose à son héritier l'obligation d'établir une servitude, le droit ne prendra naissance qu'en vertu de la *mancipatio* ou de l'*in jure cessio* que le grevé est tenu de faire.

(*c*) La *deductio*, *detractio* ou *retentio servitutis*; ce procédé n'était admis que dans la *mancipatio*, l'*in jure cessio* ou le testament, lorsque le fonds était légué *per vindicationem*, mais il n'était pas admis dans le cas de simple tradition (Fr. vat. § 47).

D'après le droit civil, les servitudes prédiales, par elles-mêmes, n'admettent pas de modalités. La mention du terme *ad quem* ou de la condition *ad quam* est considérée comme non écrite et la servitude est réputée pure et simple.

2° D'après le droit prétorien; — le préteur fit produire leurs effets au terme extinctif et à la condition résolutoire, en accordant l'exception de dol ou de pacte contre l'action confessoire intentée après l'échéance du terme ou la réalisation de la condition (L. 4 pr., D. 8, 1; L. 56, § 4, D. 45, 1). Il garantit également les servitudes adjugées dans un *judicium imperio continens*.

L'innovation prétorienne la plus importante en cette matière fut la théorie de la quasi-possession. Les servitudes étant susceptibles d'une quasi-possession, on reconnut une quasi-tradition. Cette quasi-tradition résultait de l'exercice du droit d'aqueduc avec le consentement et la tolérance du propriétaire du fonds traversé par l'eau, et l'intention, pour celui qui l'exerçait, de s'attribuer la servitude (L. 1, § 2, D. 8, 3). La quasi-tradition permettait d'exercer la *deductio* de la servitude dans une tradition (L. 6 pr., D. 8, 4).

Il résulte de la quasi-possession une sorte d'usucapion ; c'est à propos du droit d'aqueduc que l'on trouve les premières mentions d'acquisition de servitudes par l'usage ; il fallait que la faculté d'en jouir n'eut été obtenue *nec vi, nec clam, nec precario*, du propriétaire du fonds servant, et que celui qui l'exerçait fût de bonne foi. Le juste titre n'était pas exigé ; le temps requis pour usucaper n'était pas déterminé ; les textes parlent de *longa consuetudo, longa quasi-possessio, usus vestustas, aquœductus cujus origo memoriam excessit* (L. 10 pr., D. 8, 5 ; L. 1, § 10, L. 3, § 4, D. 43, 20 ; L. 1, § 9, D. 43, 21). Caracalla décida que les délais de la *præscriptio longi temporis* s'appliqueraient à la servitude d'aqueduc (L. 2, C. Just. 3, 34).

Les conventions suivies de la stipulation d'une clause pénale, offraient un moyen d'acquérir le droit de conduire l'eau sur les fonds provinciaux. On réglait par un simple pacte la nature, l'étendue et les conditions d'exercice de la servitude, puis on stipulait une *pœna* pour le cas où le promettant apporterait un obstacle à l'exercice du droit convenu. Il en résultait, de même que dans le cas de legs *per damnationem*, non pas une servitude proprement dite, mais une obligation personnelle dont l'exécution mettait le stipulant en quasi-possession de la servitude. Il y a, dans les textes classiques, des exemples de pactes et stipulations arrivant ainsi à

créer des droits de créance à peu près équivalents
à des droits réels (Gaii, Com. II, § 31 ; L. 33, § 1,
D. 8, 3 ; L. 13 pr., D. 8, 4).

La quasi-possession d'une servitude était garantie,
suivant les cas, par l'exception de dol ou de pacte ;
par une action confessoire utile ou par la publi-
cienne, s'il y a bonne foi et juste titre ; et par des
interdits *veluti possessoria* (L. 1, § 2, D. 8, 3 ; L. 20,
D. 8, 1 ; L. 11, § 1, D. 6, 2).

3° D'après le droit de Justinien, la *mancipatio* et
l'*in jure cessio* ont disparu. Il reste : la quasi-tradition, la *deductio*, la *præscriptio longi temporis* qui a été
étendue à toutes les servitudes ; mais, outre l'usage
et la bonne foi, le juste titre est exigé (L. 12, *in
fine*, C. J. 7, 33) ; l'*adjudicatio*, sans distinguer s'il y
a ou non *judicium legitimum ;* les legs sans distinction.
Les pactes et stipulations n'engendrent point un droit
réel, quoique le contraire paraisse résulter du texte
des Instituts § 4, *de servit.* 2, 3). Justinien généra-
lise seulement ce mode, particulier autrefois aux
fonds provinciaux ; mais il n'attribue pas aux
pactes suivis de stipulations une portée plus grande
que dans l'ancien droit ; ces conventions n'engendrent que des obligations personnelles (V. Theo-
phile Paraph. sur ce paragraphe).

§ 3. — A moins de convention formelle, celui qui
a un *jus aquæ ducendæ* ne peut pas construire un
canal en pierres sur le fonds servant ; cela est
contraire à l'usage ; l'usage veut seulement qu'on
place des tuyaux ; et on les pose alors même que la
constitution de la servitude est muette à cet égard,

en évitant cependant de causer un préjudice au maître du fonds (L. 17, § 1, D. 39, 3); les tuyaux peuvent être en poterie ou d'une matière quelconque. Tel est le mode d'exercice qui résulte de la nature de la servitude; mais on peut y déroger par une disposition formelle; celui qui a le *jus aquæ ducendæ* peut être autorisé à pratiquer une rigole ou à faire tout autre ouvrage du même genre, à condition de ne pas rendre la servitude plus onéreuse. Il faut aussi que ces ouvrages n'occasionnent pas de dommage au fonds d'un autre propriétaire; et, si l'eau est détournée d'un canal, il faut respecter les droits de ceux qui détournent l'eau par le même canal (L. 15, D. 8, 3; L. 3, § 5, D. 43, 20).

Pour les aqueducs publics, on ne peut employer que des tuyaux munis d'un ajutage dont la dimension est déterminée par l'adjoint au *curator aquarum*, suivant la quantité d'eau accordée au concessionnaire (Front. nᵒˢ 105 et 106).

Une fois la conduite d'eau établie, les jurisconsultes romains n'étaient pas d'accord sur les modifications qui pouvaient y être apportées. Il est certain qu'on ne peut pas la déplacer (L. 1 § 11 D. 43, 21). Suivant Labéon, on ne peut pas remplacer un conduit à ciel ouvert par un conduit souterrain, parce que l'on priverait les propriétaires des fonds traversés de l'avantage d'y abreuver les troupeaux et d'y puiser l'eau; Pomponius est d'un avis contraire, parce qu'il ne voit dans cet avantage qu'une circonstance favorable et non un droit (L. 2 D. 43, 21). Ulpien, contrairement à l'opinion de Servius, ne veut pas que l'on remplace un conduit souterrain par un conduit à ciel ouvert, à moins que cela ne profite au propriétaire du fonds traversé par l'eau (L. 3 D. eod. tit). Le même jurisconsulte ne permet pas de refaire en pierres un canal simplement creusé dans la terre ; il admet que l'on peut revêtir ce canal de ciment, s'il laisse absorber l'eau par le sol (L. 1 § 10, L. 3 § 1, D. eod. tit.) En général, on interdit toute modification qui aggrave, pour les fonds traversés, la servitude *aquæ ducendæ* ; on permet celles qui n'ont pour but que d'en assurer l'exercice, sans rendre pire la condition des fonds servants.

L'édit du préteur permettait à celui qui avait un *jus aquæ ducendæ* de réparer et curer les conduites établies par lui (L. 1 pr. D. 43, 21). Dans ce but, les propriétaires des fonds traversés devaient laisser un espace libre de chaque côté des conduites ; l'interdit *de rivis* assurait l'exécution de cette obligation (L. 11, § 1, D. 8, 4.)

§ 4. — Les eaux ne pouvaient être détournées qu'aux époques déterminées dans la concession ou dans la constitution de la servitude, ou bien aux époques qui en étaient une conséquence tacite (L. 5, § 1, D. 8, 1.) Ainsi l'*aqua cottidiana* peut être employée pendant toute l'année, l'*aqua æstiva* pendant l'été seulement. Si l'on n'a droit à l'eau qu'à certaines heures du jour ou de la nuit, on ne peut en user qu'à ces heures (L. 2, D. 43, 20).

Le droit de détourner l'eau au même lieu peut être concédé à plusieurs personnes, soit à des jours ou à des heures différentes, soit aux mêmes jours et aux mêmes heures si l'eau est en quantité suffi-

sante (**L. 2, §§ 1 et 2, D. 8, 3**). Les intervalles imposés ne constituent pas un terme, mais seulement
la mesure de l'étendue, le *modus* de la servitude
(**L. 4 § 2, D. 8, 1**). Les droits des diverses personnes
peuvent avoir été ré gl é d'une manière différente ;
ainsi, l'une peut avoir un *jus aquæ cottidianæ* là où
une autre a un *jus aquæ œstivæ* (**L. 5, pr. D. 43, 20**).
Deux *rivales*, personnes se servant du même conduit
pour détourner l'eau, peuvent faire une permutation
d'heures (**L. 5, § 1, D. eod. tit.**) Si les diverses personnes qui usent de la même eau ne sont pas d'accord entre elles, le différend est réglé par une action
utile *communi dividundo* (**L. 4. D. 43, 20**).

En général, ce n'est pas l'étendue des besoins,
mais la constitution de la servitude ou la concession
qui détermine la quantité d'eau que l'on peut
prendre.

Pour les cours d'eau publics, la quantité d'eau
était presque toujours déterminée. Des peines sévères étaient portées contre ceux qui adaptaient
aux conduits publics des tuyaux plus grands qu'il
ne leur avait été permis (**L. 2, C. Theod. 15, 2.**).
Lorsqu'on avait oublié la mesure concédée, on s'en
référait à l'usage du concessionnaire (**L. 4 C. Just.
11, 42**). Si la quantité d'eau qui peut être détournée
d'un fleuve public n'avait pas été déterminée dans
l'autorisation, on prenait la quantité dont on avait
besoin (**L. 17, D. 8, 3**).

De même pour les cours d'eau privés ; on ne peut
user de ces eaux que dans la limite convenue ; si la
convention est muette sur ce point, on continue à
détourner la même quantité que dans le courant de

l'année; le propriétaire du fonds servant peut s'opposer, même par la force, à un changement (L. 1, pr. et § 15, D. 43, 20). Les sources qui surgissent dans le canal profitent à celui qui a le *jus aquæ ducendæ.*

§ 5. — La servitude d'aqueduc est garantie par les mêmes actions que les autres servitudes prédiales. De plus, elle est l'objet d'une protection particulière de la part du préteur qui en assure l'exercice par des interdits spéciaux.

1° L'interdit *de aqua cottidiana et æstiva* défend de s'opposer par la force à ce qu'une personne conduise l'eau de la même manière qu'elle l'a conduite pendant l'année. Cet interdit est à la fois prohibitoire et restitutoire; il ordonne le rétablissement des lieux en cas d'acte contraire à l'exercice de la servitude. Pour obtenir gain de cause, il n'est pas nécessaire d'avoir détourné l'eau pendant toute l'année, mais seulement un jour ou une nuit; il faut, de plus que le droit n'ait été obtenu *nec vi, nec clam, nec precario ab adversario.*

Cet interdit s'applique à l'*aqua æstiva*, dont on peut continuer à user de la même manière que l'été précédent. La protection s'étend aussi bien à celui qui détourne des eaux publiques qu'à celui qui emploie des eaux privées.

L'interdit *de aqua cottidiana* et *æstiva* ne garantit pas seulement l'exercice provisoire du droit; il termine la contestation (L. 1, § 15, D. 43, 21).

2° L'interdit *de rivis* protège celui qui veut réparer ou curer les conduits, les bassins, les tuyaux

destinés à faciliter l'exercice d'un *jus aquæ ducendæ*
qui lui appartient, ou même l'écoulement des eaux
que, durant l'été précédent ou l'année actuelle, il
aurait dirigées d'une certaine manière sans aucun
jus aquæ ducendæ. Il suffit que la faculté de faire
passer l'eau sur le fonds d'un tiers n'ait été obtenue
nec vi, nec clam, nec precario ab adversario.

L'interdit *de rivis* s'applique non-seulement au
trouble occasionné par la violence, mais encore à
celui qui résulte de l'action en dénonciation de
nouvel œuvre. Il reste sans effet contre l'action en
revendication ou contre la demande de fournir la
cautio damni infecti (L. 19, D. 39, 1).

L'exercice du droit de puisage était garanti par
l'interdit *de fonte*. L'interdit *de cloacis* protégeait
celui qui voulait réparer son égout; il était spécial
aux égouts privés.

§ 6. — L'obligation de ceux dont les fonds sont
traversés par la conduite d'eau d'un étranger consiste à souffrir et à ne pas faire. Ils ne sont pas
tenus de faire; la pose des tuyaux ou la construction des canaux ne les regarde pas.

Ils doivent souffrir tout ce qui est nécessaire à
l'exercice de la servitude.

Ils ne peuvent pas se plaindre des conséquences
nuisibles à leurs fonds, mais provenant de la nature
et non de la main de l'homme; par exemple, un
débordement des conduites d'eau occasionné par
des pluies (L. 20, § 1, D. 8, 3). De son côté, celui qui
a le *jus aquæ ducendæ* ne peut pas rendre l'exercice
de son droit plus onéreux pour les tiers.

Ils doivent s'abstenir de tout acte contraire à la servitude. Ils ne peuvent faire sur leur fonds aucun travail, fouilles, constructions ou plantations qui diminue la quantité de l'eau ou qui la rende impure. Ils ne peuvent pas rendre *religiosus* le sol situé au bord du canal ou au-dessus, s'il s'agit d'un conduit souterrain, de façon à éteindre la servitude. L'interdit *de aqua cottidiana et œstiva* assure l'exécution de cette obligation (L. 1, § 27, D. 43, 20; L. 11 pr. D. 8, 4).

Les propriétaires des fonds servants doivent laisser, de chaque côté de la conduite d'eau, un espace libre, permettant à celui qui a le *jus aquæ ducendæ* de venir la réparer et la curer; c'est là une conséquence tacite de la servitude (L. 11 pr., D. 8, 4). L'interdit *de rivis* pourvoit à l'exécution de cette obligation (L. 3, § 10, D. 43, 21).

Les riverains des aqueducs publics devaient laisser libre un espace de quinze pieds de chaque côté des fontaines, murs et voûtes des aqueducs, et un espace de cinq pieds de chaque côté des conduits souterrains et des canaux dans l'intérieur de la ville. On ne pouvait ni planter ni bâtir dans cette zône; les plantations existant antérieurement devaient être arrachées. Toute contravention était punie d'une amende de dix mille sesterces (Front. n° 127; L. 1, C. J. 11, 42).

En dehors de toute servitude d'aqueduc, un propriétaire est tenu de recevoir sur son fonds toutes les eaux qui s'écoulent naturellement d'un fonds supérieur; il ne peut se plaindre que dans le cas où un ouvrage de main d'homme vient modifier l'écoulement naturel des eaux ; encore faut-il que cet ouvrage n'ait point été fait dans l'intérêt de la culture ou par ordre de l'autorité publique (L. 1, §§ 1, 8, 15, D. 39, 3). Il serait également mal fondé à intenter l'action *aquæ pluviæ arcendæ*, si l'écoulement des eaux sur son fonds remontait à un temps immémorial (L. 2, § 3, D. eod. tit.).

CHAPITRE III

EXTINCTION DU DROIT DE PRISE D'EAU

§ 1. — Extinction du droit de détourner une eau publique concédé par l'administration.

§ 2. — Extinction de la servitude d'aqueduc.

§ 1. — Le droit de détourner une eau publique était accordé tantôt aux terres tantôt à la personne. Lorsque la concession avait été faite aux fonds, elle subsistait malgré les changements de propriétaire ; lorsqu'elle avait été faite à la personne, elle cessait lorsque le concessionnaire n'était plus en possession du terrain pour lequel il l'avait obtenue ; elle ne passait à aucun successeur. Le nouveau propriétaire devait demander une nouvelle autorisation de prise d'eau qu'il était d'usage de lui accorder (L. 11 §§ 43 et 44, D. 43, 20).

A l'époque où écrivait Frontinus, sous le règne de Nerva, la concession était toujours personnelle, du moins en ce qui concerne les aqueducs publics ; les thermes seuls en jouissaient à perpétuité. La concession durait tant que la même personne était en possession des terrains pour lesquels elle avait été accordée. Si elle avait été obtenue par des associés, l'usage voulait qu'elle subsistât, tant qu'il restait une des personnes qui l'avaient obtenue en commun. Dès qu'une concession devenait vacante, on l'annonçait publiquement ; il en était fait mention sur le registre des eaux, et l'on interrompait la distribution sitôt que le temps était expiré. Nerva, par une sage mesure, accorda une prorogation de trente jours pour donner aux intéressés le temps de faire les démarches nécessaires, et pour ne pas priver tout-à-coup un domaine de l'eau nécessaire (Front., n°ˢ 108 et 109).

§ 2. — La servitude d'aqueduc s'éteint de la même manière que les autres servitudes prédiales :

1° Lorsque le fonds dominant ou le fonds servant périt ou est transformé de telle sorte que la servitude ne peut plus être exercée (L. 20, § 2. D. 8, 2) ;

2° Lorsque le droit de celui qui a constitué la servitude est résolu. Par exemple un fonds ayant été légué conditionnellement, un droit de servitude est constitué sur ce fonds par l'héritier, *pendente conditione ;* cette servitude disparaît, lorsque le legs vient à être réalisé par l'événement de la condition. Inversement, la résolution du droit de celui qui s'est fait concéder la servitude, la laisse subsister ; ainsi, dans notre hypothèse, les servitudes acquises par l'héritier en faveur du fonds légué conditionnellement continuent d'être attachées à ce fonds après que la condition est accomplie (L. 11 § 1, D. 8, 6) ;

3° Lorsque remise de la servitude est faite au propriétaire du fonds servant. Dans l'ancien droit il fallait la *cessio in jure* (L. 18, D. 8, 4) ; avec le progrès du temps, le préteur admit et protégea la remise par simple pacte et même la remise tacite, résultant de ce que le propriétaire du fonds dominant souffre un acte contraire à la servitude de la part du propriétaire du fonds servant ; la revendication de la servitude était paralysée par l'exception *pacti conventi* ou l'exception *doli mali* (L. 17, D. 8, 4 ; L. 8, D. 8, 6) ;

4° Lorsqu'il y a confusion, c'est-à-dire lorsque les deux fonds entre lesquels existe la servitude se trouvent appartenir au même propriétaire. Mais il faut, pour que la servitude s'éteigne, qu'il y ait confusion totale, que le propriétaire de l'un des fonds devienne l'unique propriétaire de l'autre ; s'il acquérait seulement une part indivise, la servitude serait retenue *per partes* (L. 30 § 1, D. 8, 2). La servitude, une fois éteinte par confusion, ne revit plus par destination du père de famille (LL. 30 et 31, D. 8, 2);

5° Lorsque le propriétaire du fonds dominant n'a pas usé de son droit pendant un certain délai. D'après le droit classique, il suffit que le non-usage ait duré deux ans ; en cas de servitude intermittente le délai est doublé (L. 7, D. 8, 6).

Si le non-usage résulte d'une impossibilité matérielle, par exemple, si la source dont l'eau est détournée vient à être tarie, la servitude s'éteint ; mais, en pareil cas, si dans la suite l'exercice de la servitude redevient possible, l'empereur accorde la *restitutio in integrum* (LL .34 et 35, D. 8, 3). Si c'est le niveau d'un fleuve qui s'abaisse ou son cours qui s'éloigne, on peut le suivre en cas d'alluvion, mais non en cas de changement de lit (L. 3, § 2, D. 43, 20).

Le non usage ne faisait disparaître que les servitudes rurales. Pour les servitudes urbaines, il fallait de plus un acte contraire à la servitude émané du propriétaire du fonde servant ; il y avait alors de sa part *usucapio libertatis*. Cependant, M. Machelard croit que, même dans le cas où la servitude d'aqueduc est urbaine, elle s'éteint par le simple non usage, bien que les Romains en reconnussent le caractère de continuité (1). Je ne partage pas cette opinion, et je pense que si le texte classique dit d'une façon générale :..... *aquœductum qui biennio usus non est, amisisse videtur* (Paul Sent. 1, 17, § 1), cela n'est vrai que de l'aqueduc en tant que servitude rurale ; d'abord parce que le jurisconsulte le met sur la même ligne que la servitude de passage qui est toujours rurale ; et que, en second lieu, l'aqueduc n'étant une servitude urbaine que dans des cas tout-à-fait exceptionnels, la façon générale dont s'exprime le jurisconsulte n'a rien de surprenant, et ne doit pas, à mon avis, être complètement prise à la lettre.

Sous Justinien, le délai de deux ans est remplacé par le délai de la *prœscriptio longi temporis*, dix ans, si celui contre lequel on prescrit est présent, vingt ans, s'il est absent (L. 13, C. J. 3, 34).

______

(1) Distinction des servitudes. — *Revue critique* 1867, tome 30.

Les actes d'exercice, qui empêchent la servitude de périr, ne doivent pas nécessairement émaner du propriétaire du fonds dominant; toute personne qui use en son nom du droit de servitude, même un possesseur de mauvaise foi, l'empêche de s'éteindre (LL. 1, 20, 22, 24, D. 8, 6). Un cours spontané de l'eau dans les conduits conserve la servitude (L. 12, D. 8, 6).

On ne perd pas par le non usage la servitude que l'on n'a pas encore exercée; si, après avoir acquis un droit de servitude on laisse passer les délais légaux pour prescrire sans commencer les travaux nécessaires à son exercice, on conserve son droit entier (L. 19, pr., D. 8, 6).

La servitude est encore éteinte si l'on en fait un usage contraire au droit concédé; par exemple, si l'on détourne une autre eau que celle qui a été déterminée dans la constitution de la servitude (L. 18, pr., D. 8, 6).

6° Enfin, lorsque la servitude n'a été constituée que pour un temps fixé ou jusqu'à l'arrivée d'une condition, et que le terme est échu ou la condition réalisée. Ce mode d'extinction, de même que le mode d'établissement dont il découle, est de droit prétorien.

DROIT FRANÇAIS

RÉGIME LÉGAL DES COURS D'EAU NON NAVIGABLES NI FLOTTABLES

PREMIÈRE PARTIE

PROPRIÉTÉ DES COURS D'EAU NON NAVIGABLES NI FLOTTABLES

CHAPITRE Ier

NATURE ET DIVISION DES COURS D'EAU

§ 1. — Définition des cours d'eau.
§ 2. — Les cours d'eau peuvent être l'objet d'un droit de propriété.
§ 3. — Division des cours d'eau en France. — Première classe.
§ 4. — Deuxième classe de cours d'eau.

§ 1. — On appelle *eaux vives*, les eaux qui sortent de la terre et dont l'alimentation est continuelle. L'eau vive qui parcourt une certaine étendue de terrain devient un *cours d'eau*.

Trois éléments concourent à former un cours d'eau : le lit, les rives et l'eau. Le lit est la partie du sol recouverte par l'eau dans son parcours. On peut appliquer au lit des cours d'eau la définition qu'Ulpien donne du mot *rivus : locus per longitudinem depressus quo aqua decurrat* (L. 1, § 2, D. 43, 21). Le lit est un élément essentiel du cours d'eau, on ne peut pas supposer une eau courante sans un lit ; car, suivant le mot de Proudhon, un cours d'eau n'est pas une chose en l'air.

Les rives sont les portions de terrain qui bordent le lit de chaque côté, et dont l'élévation maintient l'eau dans le lit, et l'empêche d'en sortir. Un lit suppose nécessairement des rives. On considère comme rives les portions de terrain que baigne l'eau lorsqu'elle atteint sa plus grande hauteur normale : *ripa ea putatur esse quæ plenissimum flumen continet* (L. 3, § 1, D. 43, 12).

Enfin, le dernier élément c'est l'eau, le fluide lui-même. Ces trois éléments sont tous essentiellement constitutifs d'un cours d'eau.

§ 2. — Lorsqu'on ne voit dans un cours d'eau que l'eau elle-même, on ne peut pas concevoir qu'il soit susceptible de propriété. Il est impossible de revendiquer une chose tellement fugitive qu'elle se déplace à chaque instant ; le point qu'elle occupe actuellement est immédiatement abandonné par elle, et une portion nouvelle vient lui succéder. Le lit seul est immuable ; celui qui vient y puiser aujourd'hui pourra puiser demain à la même place, mais ce ne sera plus la même eau qui s'offrira à lui.

Il y a dans un cours d'eau deux autres éléments, le lit et les rives dont il faut tenir compte. Ceux-ci sont des portions du sol, des immeubles, et par suite, en eux-mêmes, ils sont susceptibles d'appropriation. Or, dans l'ensemble qui constitue le cours d'eau, l'eau elle-même, le fluide devient un accessoire du lit; car la propriété du sol emporte celle du dessus et du dessous, d'après l'art 552 C. civ.; l'eau sera un accessoire des fonds à mesure qu'elle coulera dessus : *aqua viva videtur portio agri* (L. 11, D. 43, 24). En confondant par la pensée l'eau courante et le lit qui la contient, on voit que la propriété de l'un entraîne celle de l'autre. Le cours d'eau est donc de nature à devenir un objet de propriété exclusive, bien qu'il n'en soit pas de même de l'eau courante considérée isolément.

Une autre objection à l'appropriation des cours d'eau se tire de leur force et de leur puissance. Le droit de propriété renferme trois sortes de droits : usage, jouissance et abus. L'usage consiste à retirer de la chose un service susceptible de se renouveler et étranger au produit; la jouissance consiste à retirer de la chose l'utilité qu'elle est destinée à procurer, à en percevoir les produits : l'abus est un usage définitif qui ne se renouvellera pas, au moins pour la même personne : ainsi la destruction ou l'aliénation de la chose.

On ne veut pas que le cours d'eau puisse être l'objet d'un droit de propriété; car, dit-on, on en conçoit l'usage et la jouissance; on peut exploiter la pêche, utiliser la force motrice de l'eau pour l'industrie, son action fertilisante pour l'agriculture.

Mais on ne peut pas concevoir une disposition définitive et irrévocable telle que la suppose nécessairement le droit de propriété. L'eau, par cela même
qu'elle se renouvelle constamment, échappe à la
puissance humaine; il est impossible à un homme
de détruire un cours d'eau ou de l'absorber complètement à son profit; il arrivera toujours un moment
où l'eau lui échappera.

Cette objection perd sa valeur si l'on tient
compte du véritable caractère du droit de propriété.
Ce droit n'est pas sans limite; il est restreint d'abord
par la nature même des choses qui en sont l'objet,
en second lieu par des considérations d'intérêt
général. Sans doute, les droits du propriétaire d'un
cours d'eau ne sont pas aussi complets que ceux du
propriétaire d'une maison; il ne peut pas y apporter
des changements aussi radicaux. Mais on peut concevoir que l'on dispose d'un cours d'eau d'une façon
complète et définitive; une personne peut parfaite-
ment obstruer une source qui surgit dans son fonds,
la rendre à la terre, empêcher le cours d'eau de se
former; une personne peut absorber un cours d'eau,
pour l'irrigation des champs par exemple, de telle
manière qu'au sortir de son fonds ce cours d'eau
n'existe plus.

L'étude des dispositions législatives sur cette
matière montre que les limites imposées à la faculté de disposer des eaux viennent du respect dû
aux droits d'autrui ou de considérations d'intérêt
général. Mais la faculté d'user d'une eau courante,
reconnue par nos lois, comporte une étendue bien
autre qu'un simple droit de jouissance ou d'usage.

§ 3. — Les cours d'eau qui arrosent le territoire de la France sont divisés par la loi en deux classes : les cours d'eau navigables ou flottables et ceux qui ne présentent aucun de ces deux caractères.

Un cours d'eau navigable est celui qui peut porter des bateaux; un cours d'eau flottable est celui qui ne peut porter que des trains de bois et des radeaux. Quant aux rivières qui ne peuvent porter que des morceaux de bois isolés, et qu'on appelle, pour ce motif, flottables à bûches perdues, elles ne sont point des rivières navigables au point de vue administratif, et doivent être rangées dans la deuxième classe (1).

Tous les cours d'eau navigables ou flottables sont consacrés à l'utilité générale. et, étant propres au transport, ils sont assimilés aux voies publiques de terre. C'est pourquoi ils font partie du domaine public de la nation, d'après l'art. 538 C. civ., et de la grande voirie d'après l'art. 1 de la loi du 29 floréal an X sur les contraventions en matière de grande voirie.

L'aptitude du cours d'eau à la navigation ou au flottage est constatée par un acte de l'administration ; elle détermine le point à partir duquel le cours d'eau commence à être navigable ou flottable et, par suite, fait partie du domaine public. La partie qui n'est ni navigable ni flottable est soumise au même régime que les cours d'eau de la deuxième

---

(1) Avis du Conseil d'Etat, 21 février 1822. — Cass., rej., 22 août 1823. Confirmé par la loi du 15 avril 1829, qui ne reconnaît le droit de pêche de l'Etat que sur les cours d'eau navigables ou flottables avec bateaux, trains ou radeaux.

classe, sauf les restrictions que l'administration croirait devoir apporter aux droits des riverains dans l'intérêt de la navigation (1).

On assimile aux rivières navigables ou flottables les bras de ces rivières qui n'ont ni l'un ni l'autre de ces caractères, dans le but de maintenir l'usage complet de la navigation, lorsque ces bras se réunissent au fleuve, après avoir formé des îles. Il n'en est pas de même des bras qui se séparent définitivement du fleuve; ils sont classés dans la catégorie des cours d'eau à laquelle ils appartiennent réellement (2).

Il n'y a pas lieu de distinguer si une rivière est navigable par elle-même ou si elle ne l'est devenue que par les œuvres de l'homme. Avant 1789, bien que, en principe, les rivières navigables appartinssent au roi, les seigneurs, communes ou particuliers qui rendaient une rivière navigable, étaient généralement investis par lettres patentes de la propriété de cette rivière; aujourd'hui ces possesseurs n'ont aucune espèce de droit; toute rivière navigable ou flottable dépend du domaine public d'après l'art. 2 de la loi du 22 novembre-1er décembre 1790, et l'art. 538 C. civ.

§ 4. — La seconde classe de cours d'eau comprend : 1° les cours d'eau non navigables ni flottables durant tout leur parcours; 2° les parties non

(1) Cass., 29 janvier 1813, 23 août 1819.

(2) Cons. d'Et., 22 janvier 1824, 21 juin 1826, 28 janvier 1835, 4 avril 1837.

navigables ni flottables des cours d'eau de la première classe. Si l'Etat voulait rendre navigable la partie de ces rivières qui ne l'est pas, il devrait agir de la même manière que lorsqu'il s'agit de rendre navigable dans son entier une rivière qui ne l'est dans aucune de ses parties.

Si des particuliers ou des communes établissent un bac sur une rivière qu'ils font travailler ou disposer pour cet objet, alors que, du reste, elle n'est pas propre à ce genre de navigation, une telle rivière n'est pas navigable. De même, des petits bateaux employés sur un cours d'eau dans un but d'utilité ou d'agrément, ne constituent pas une navigation suffisante pour le faire ranger dans la première classe des cours d'eau. Pour qu'il y ait navigabilité, il faut qu'il y ait des bateaux ou radeaux destinés à opérer des transports publics suivant le fil de l'eau, et nécessitant l'établissement d'un halage, d'un port ou d'un quai.

On a voulu diviser les cours d'eau non navigables ni flottables en deux catégories ; la première comprenant les plus importants de ces cours d'eau ; la seconde, les plus faibles, désignés sous le nom de ruisseaux. Cette distinction est appuyée sur un texte de droit romain : *flumen a rivo magnitudine discernendum est, aut existimatione circumcolentium* (L. 1, D. 42, 12). Elle a été présentée dans l'ancien droit français, par Loysel (Instit. Cout. liv. 2, tit. 2, § 6), Boutaric (Inst. liv. 2, tit. 1, § 2), Duparc-Poulain (Tome 2, p. 398), de Lalande (sur la cout. d'Orléans, art. 166, n° 6) ; et sous l'empire du Code civil, par Merlin (Questions de droit, v° Cours d'eau, § 1). D'après cet éminent jurisconsulte, les rivières navigables et les rivières non navigables sont, les unes et les autres, consacrées à l'utilité générale ; les premières sont assimilées aux grands chemins, les deuxièmes aux chemins vicinaux ; les simples ruisseaux n'ont qu'une utilité bornée aux particuliers sur les terrains desquels ils coulent. On trouve en ce sens un arrêt de la Cour d'Agen du 4 mars 1856 (1).

Il est impossible d'admettre cette distinction. En droit, on ne la trouve consacrée par aucun texte législatif; elle est contraire à la loi-instruction des 12-20 août 1790 qui, dans le chapitre VI, charge les autorités administratives de la police et de la surveillance de *toutes les eaux de leur territoire ;* à l'article 644 du Code civil qui reconnaît aux particuliers des droits d'usage sur les eaux longeant ou traversant leurs propriétés, sans distinguer les rivières et les ruisseaux. En fait, la distinction ne pourrait être faite que d'une manière très-arbitraire. Des actes administratifs déterminent quelles rivières et quelles portions de rivières sont navigables ou flottables ; rien d'analogue ne distingue les petites rivières des ruisseaux.

Il n'y a donc lieu de reconnaître que deux classes de cours d'eau : les cours d'eau navigables et flottables, attribués au domaine public, et les cours d'eau non navigables ni flottables. Ces derniers font seuls l'objet de cette étude.

(1) Cette opinion a été développée par M. Latreille, dans un article de la revue critique, tome 30, livraison de juin 1867.

CHAPÍTRE II

PROPRIÉTÉ DES COURS D'EAU NON NAVIGABLES NI FLOT-
TABLES, D'APRÈS L'ANCIEN DROIT FRANÇAIS

§. 1 — Intérêt de la question.
§ 2. — Arguments tirés des anciennes chartes.
§ 3. — Arguments tirés des coutumes et des jurisconsultes.
§ 4. — Législation intermédiaire.

§ 1. — La législation actuelle ne contenant
aucune disposition formelle au sujet de la propriété
des rivières, on comprend l'intérêt qu'il y a à en
connaître les vrais propriétaires, d'après notre
ancien droit, et le sort que leur a fait la Révolution
de 1789. Ce qui paraît constant, c'est que la plupart
des cours d'eau non navigables ni flottables appartenaient aux seigneurs ; mais on n'est pas d'accord
sur le point de savoir si c'était en qualité de seigneurs justiciers ou de seigneurs féodaux qu'ils
étaient propriétaires de ces cours d'eau. Si le droit
des seigneurs était un droit féodal, si ce n'était
qu'une servitude grevant la propriété de leurs
sujets, l'extinction de ces droits a rendu libre aux
mains de ceux-ci la propriété des cours d'eau ; si
ces droits étaient un des éléments de la puissance
publique attachés à leurs justices, le domaine des
petites rivières a dû faire retour à l'Etat, successeur
des seigneurs dans leurs droits de justice.

Il est nécessaire, d'abord, de bien préciser la
nature des droits de justice.

Lorsque les rois francs faisaient des concessions des terres du fisc, *cum immunitate,* ces concessions comprenaient les droits mêmes du fisc, c'est-à-dire à la fois des droits de police et de juridiction. Les *procuratores fisci* de l'empire romain avaient une certaine juridiction; après la conquête par les Barbares, ces droits passèrent aux rois; et les rois les transmirent avec les terres aux concessionnaires de biens fiscaux.

Plus tard les bénéfices devinrent les fiefs; et les immunités attachées aux bénéfices devinrent les droits de justice attachés aux fiefs. La justice suppose nécessairement le fief (1); *jurisdiction est une dignité par laquelle les seigneurs ont pouvoir de faire justice des meffaits et plaintes qui sont faits en leur terre,* dit Boutellier, (*Somme rurale,* tit. 3, § 1 des jurisdictions). On oppose à cette théorie la maxime : *Fief, ressort et justice n'ont rien de commun ensemble.* Mais cette maxime n'a pas le sens absolu que l'on veut lui donner. Elle fut professée d'abord par des jurisconsultes italiens qui se fondaient sur le droit romain. Ce ne fut que vers le xvie siècle qu'elle apparut en France dans certaines coutumes, introduite par les légistes et favorisée par la royauté qui voulait détruire les justices seigneuriales; on commença par détacher du fief le ressort, c'est-à-dire le droit de juger en appel. Du reste, cette maxime ne s'appliquait pas aux fiefs de dignités; elle n'était vraie que pour les fiefs des arrière-vassaux. Un

____

(1) Montesquieu. Esprit des lois, liv. xxx, ch. xx ; Hervé, théorie des matières féodales, tome vi, p. 82.

grand nombre de coutumes admettaient la règle contraire.

§ 2. — Dans les actes de concession de terres du fisc émanées des rois des deux premières races, on trouve souvent les droits sur les rivières aliénés par suite de la munificence du prince. Ainsi Childebert Ier donna à l'abbaye de Saint-Vincent, son domaine d'Issy avec la pêcherie de Vanves (Ducange,. Gloss. v° Foreste). En 780, Charlemagne abandonna à l'église cathédrale d'Utrecht une rivière nommée Lecca (Mirœi, Op. diplom. lib. II cap. VI p. 245). Louis le Débonnaire donna aux religieux de Saint-Aubin un petit domaine avec le droit de pêche dans le cours d'eau qui le traversait (Ducange, Gloss. v° Piscatores). Charles le Chauve donna au monastère de Saint-Denis un droit de pêche, *forestam aquaticam*, des droits de navigation et autres droits appartenant au roi (Doublet, *Antiquités de Saint-Denis*, tome 2, p. 803, 806). Il faut remarquer que les concessions faites aux établissements religieux comprenaient, en général, les droits les plus étendus. Dans le texte suivant, tiré de Marculfe, on voit une concession, *cum emunitate*, comprenant *aquas aquarumque decursus* : « .... *Ego cognoscat magnitudo seu strennitas vestra, non inlustri viro illi, promptissima voluntate villa nuncupante illa, sita in pago illo, cum omni merito et termino suo, in* INTEGRITATE *sicut ab illo aut a fisco nostro fuit possessa, vel moderno tempore possidetur, visi fuimus concessisse. Quapropter prœsentem auctoritatem nostram decernimus, quod perpetualiter mansuram esse jubemus, ut ipsa villa illa antedictus vir ille, ut diximus in omni integritate, cum terris, domibus, œdificiis, accolabus, mancipiis, vineis, silvis, campis, pratis, pascuis,* AQUIS AQUARUMVE DECURSIBUS, *farinariis, adjacentiis, appendiciis vel quolibet genus hominum ditioni fisci nostri subditum, qui ibidem commanent,* IN INTEGRA EMUNITATE, *absque ullius introïtu judicum de qualibet causa freda exigendum, perpetualiter habeat concessa; ita ut eam* JURE PROPRIETARIO, *absque ullius expectata judicum traditione habeat, teneat atque possideat....* (Marculfe, lib. 1, form. 14; Baluze, t. 2, col. 384.)

Donc, lorsqu'il y avait concession de bénéfice *cum emunitate,* cette concession comprenait le cours d'eau. Cela résulte encore des actes de translation de bénéfices entre particuliers; on retrouve l'expression *cum aquis aquarumque decursibus* dans les formules angevines (*Histoire du Droit français,* par M. Giraud, tome 2, p. 433). Si le roi donne ainsi les cours d'eau, c'est qu'il en est propriétaire à l'origine. On trouve, en effet, dans les capitulaires des dispositions qui confient aux comtes, vicaires et centeniers la surveillance et la police des rivières (2ᵉ Cap. de l'an 813, tit. 18 *de forestibus dominicis;* 3ᵉ Cap. de la même année, tit. 35; 5ᵉ Cap. de l'an 819, titres 22 et 23. — Walter, *Corpus juris Germanici,* tome 2, pages 263, 267 et 345).

§ 3. — Aucun texte de coutume ne déclare formellement que les petites rivières appartiennent aux seigneurs justiciers; mais les coutumes leur reconnaissent sur ces cours d'eau des droits tellement étendus qu'ils supposent forcément la propriété.

Le plus important de ces droits est le droit de pêche ; en principe général, ce droit suppose la propriété des eaux sur lesquelles il peut être exercé. La propriété des eaux dépendait à tel point de la puissance publique, qu'un gentilhomme, riverain d'un cours d'eau, ne pouvait y interdire la pêche qu'avec l'autorisation du seigneur justicier dont il dépendait : *Se aucun gentishons avait eue qui corust par sa terre et i eust coru, et la vousist defendre que l'en i peschast pas, il ne le poroit pas fere sans l'accort au baron en qui chastelerie ce seroit et sans l'accort du vavasor.* (Etablissements de saint Louis, liv. 1, ch. 127, *de defendre pescherie d'eue courant*). Un certain nombre de coutumes contiennent des dispositions réservant exclusivement la pêche au seigneur du territoire ; or, l'interdiction de la pêche à peine d'amende était un droit de justice (1). Lorsque ces coutumes accordent le droit de pêche à des tiers, c'est toujours sous la surveillance et avec l'autorisation du seigneur justicier. D'autres fois, ces dérogations à la règle ordinaire sont motivées par des raisons spéciales ; des communes, des établissements religieux se trouvaient investis de droits fort étendus ; ainsi, dans l'article 13 de la coutume de Beaune, on voit le droit de pêche sur une rivière réservé aux habitants de cette ville. Mais, en règle générale, il n'est pas permis de

---

(1) Cout. de Montargis, ch. vi, art. 1, d'Anjou, art. 192 ; de Troyes, art. 179 ; de Chaumont, art. 110 ; du Maine, art. 210 ; de Bourgogne, ch. xiii, art. 2 ; de Vitry, art. 121 ; du Nivernais, ch. xvi, art. 1 et 2 ; de Metz, tit. 14, art. 20 ; de Lorraine, art. 33 et 35.

pêcher, même à la ligne, dans une rivière navigable, sans la permission du seigneur justicier dans les limites duquel elle coulait. Un arrêt du 30 avril 1749 condamne un pêcheur dans ce cas (1).

Il en est de même du droit de construire un moulin ou de faire un étang sur le cours d'eau ; du droit sur les îles et les alluvions. Quelques coutumes, telles que la coutume du Berry, autorisent les particuliers à élever un moulin sur la rivière qui passe sur leur héritage. La coutume de Bretagne n'accordait ce droit qu'aux particuliers nobles. Dans le droit général, il est certain que le seigneur haut justicier a seul le droit de permettre de construire un moulin dans l'étendue de sa justice. On ne peut faire de travaux sur la rivière seigneuriale pour défendre son héritage, sans la permission des juges du seigneur (2).

L'article 73 de la coutume de Barcelone, rédigé en 1068, rattache la propriété des eaux courantes à la puissance publique : *Stratæ viæ publicæ* AQUÆ CURRENTES ET FONTES *vivi, prata, pascua, silvæ, garricæ et roche, in hac patria fundata sunt de potestatibus, ut non habeant per alodium vel teneant in dominio sed sint in omni tempore ad emparamentum cuncto illorum populo sine et ullius contrarietatis obstaculo et sine aliquo constituto servitio.*

Les anciens auteurs sont plus explicites sur la

---

(1) Cité par Tocqueville. L'ancien régime et la révolution, notes, p. 435.

(2) Cout. de Sens, art. 13 ; de Metz, art. 27 et 28 ; du Bourbonnais, art. 340 et 341.

question de la propriété des petites rivières. La
plupart d'entre eux l'attribuent aux seigneurs justiciers : *Les petites rivières sont aux seigneurs parmi
qvi terre et seigneurie elles passent* dit Bouteiller (*Somme
rurale* liv. 1, tit. 73). *Les petites rivières sont au seigneur des terres* (Loysel, Inst. Cout. liv. 2, tit. 2,
règle 6); évidemment il s'agit ici du seigneur justicier. *Les petites rivières non navigables qui ont leur
cours perpétuel sont réputées publiques selon le droit
romain; mais, en France, les seigneurs les tiennent, pour
la plupart, en propriété domaniale* (Coquille, sur la
Cout. du Nivernais, ch. 16, art. 1). *Sane flumina non
navigabilia sunt dominorum jurisdictionalium per quo-
rum jurisdictionem fluunt; et ideo jus piscandi ad eos
pertinet* (Guy Pape, quest. 514). Ces citations, que
l'on pourrait multiplier, montrent que telle était
l'opinion la plus généralement répandue.

Cependant il n'y a pas unanimité sur ce point.
Quelques auteurs ayant perdu de vue la véritable
origine des droits de justice, attribuent au seigneur
féodal la propriété des petites rivières ; par exemple
Basnage (*sur la cout. de Normandie*, art. 206) et, plus
récemment, Henrion de Pansey (*Dissertations féodales,
v° Eaux*). D'autres, sous l'influence du droit romain,
décident que les petites rivières doivent appartenir
aux riverains ; ainsi, d'après Pothier (*Propriété* n° 53)
elles n'appartiennent au seigneur justicier qu'à défaut
d'autre maître et à titre de vacants ; de même suivant
Bacquet (*Traité des droits de justice*, chap. 30, n° 25).
Mais ce ne sont là que des opinions isolées ; la grande
majorité de nos anciens jurisconsultes se prononce
en faveur de la propriété du seigneur justicier.

Il résulte de ces documents que, dans notre ancien droit, les seigneurs haut-justiciers étaient les seigneurs universels des rivières non navigables coulant sur leur territoire; pour en avoir la propriété, ils n'avaient besoin d'autre titre que celui que donnait la haute justice.

§ 4. — Après la révolution de 1789, le droit des seigneurs sur les rivières fit retour à l'Etat comme tous les droits de justice. Mais, bien qu'il n'y ait point à cet égard de disposition formelle, l'étude de la législation relative à la matière de 1789 à 1804, montre, chez le législateur, l'intention d'attribuer ces rivières aux particuliers.

La loi des 22 novembre–1er décembre 1790, en énumérant les éléments du domaine national, range dans ce domaine les fleuves et rivières navigables, et, en général, toutes les portions du territoire français qui ne sont pas susceptibles de propriété privée. Or, les petites rivières sont susceptibles de propriété privée ; si les grands cours d'eau sont considérés comme publics, c'est à cause de l'intérêt général. La loi qui les classe dans le domaine public aurait également parlé des autres cours d'eau si elle les eût aussi attribués à la nation. La précision du texte montre qu'il ne peut pas s'appliquer aux cours d'eau non navigables (1). On peut aussi

(1) Loi des 22 nov. 1er déc. 1790. Art. 1er : Le domaine national proprement dit s'entend de toutes les propriétés foncières et de tous les droits réels ou mixtes qui appartiennent à la nation, soit qu'elle en ait la possession et la jouissance actuelle, soit qu'elle ait seulement le droit d'y rentrer par voie de rachat, droit

augmenter *a contrario*, de la même manière, sur l'art. 4 du tit. 1 de la loi du 28 septembre-7 octobre 1791, ainsi conçu : Nul ne peut se prétendre propriétaire exclusif d'un fleuve ou d'une rivière navigable ou flottable.

D'ailleurs, on constate que les riverains des cours d'eau non navigables ni flottables ont seuls le droit de pêche, et que les communes sont mal fondées à prétendre les en exclure (Décret des 6 et 30 juillet 1793); et le gouvernement reconnaît que les lois qui confient à l'administration la connaissance des contraventions relatives aux rivières navigables et flottables ne sont point applicables aux autres cours d'eau (Arrêté du Directoire exécutif du 19 ventôse an VI, art. 11).

Les auteurs qui attribuent les cours d'eau non navigables ni flottables au domaine public, s'appuient sur l'opinion du député Enjubault. Dans l'exposé des motifs de l'article 2 de la loi domaniale de 1790, il disait : « L'article que le comité propose n'est point introductif d'un droit nouveau, et ces objets appartiendraient à la nation, quand même le décret garderait, à cet égard, un silence absolu. » Il n'est pas exact de dire que les rivières non navigables ni flottables soient des objets domaniaux de

de réversion ou autrement. — Art. 2 (reproduit par l'art. 538 C. civ.): Les chemins publics, les rues et places des villes, les fleuves et rivières navigables, les rivages, lais et relais de la mer, les ports, les havres, les rades, etc. ; et en général, toutes les portions du territoire national qui ne sont pas susceptibles d'une propriété privée, sont considérés comme des dépendances du domaine public.

leur nature; d'abord elles sont susceptibles de propriété privée; en second lieu, elles ne sont pas affectées à un usage public qui s'oppose à tout droit privé et exclusif au profit des particuliers. De plus, s'il est vrai qu'on n'introduisait pas un droit nouveau en attribuant à la nation les cours d'eau navigables qui faisaient autrefois partie du domaine de la couronne, cette assertion n'est pas aussi exacte en matière de petites rivières; les droits des seigneurs justiciers, bien qu'admis dans la plupart des pays de coutume, n'étaient pas consacrés par une règle générale et formelle; dans les pays où l'on admettait la propriété des particuliers riverains, il aurait fallu une dépossession qui ne pouvait résulter que d'une loi expresse et spéciale.

On oppose encore un rapport du député Arnoult, de Dijon, lu à l'Assemblée le 23 avril 1791, et accompagné d'un projet de décret qui divisait les cours d'eau en trois classes; cours d'eau navigables et flottables, rivières, ruisseaux; les rivières, d'après les articles 1 et 2 de ce projet, constituaient une propriété commune et nationale. Ce projet ne fut pas discuté, et le rapport n'a aucune autorité.

Avant la loi domaniale de 1790, la loi du 22 décembre 1789, sect. III, art. 2, avait chargé les administrations de département, sous l'autorité et l'inspection du roi, des parties de l'administration qui concernent la conservation des rivières, forêts, chemins et autres choses communes. Mais ce texte ne fait pas une attribution de propriété. Quant à l'expression de *choses communes*, cette qualification, donnée aux forêts, en montre l'inexactitude ; car il n'y a pas de forêts communes.

Enfin la loi-instruction des 12-20 août 1790 et la loi des 26 février-4 mars 1790 (1) n'ont trait qu'au droit de police des administrations de département. Le seul document législatif sur la propriété des cours d'eau est l'art. 2 de la loi des 22 novembre-1er décembre 1790 ; et son silence sur les petites rivières, en les excluant du domaine public, les attribue par cela même aux particuliers.

Deux essais qui précédèrent le Code civil semblent contraires à la théorie que je soutiens. Un premier projet, celui de Cambacérès, lu à l'Assemblée le 6 août 1793, ne plaçait parmi les biens nationaux que les rivières navigables ; il fut amendé, et l'on y inscrivit les rivières tant navigables que non navigables. Un autre projet, celui de Cambacérès et Merlin, présenté en l'an II au Conseil des

(1) Elles (les administrations de département) doivent aussi rechercher et indiquer les moyens de procurer le libre cours des eaux ; d'empêcher que les prairies ne soient submergées par la trop grande élévation des écluses, des moulins, et par les autres ouvrages d'art établis sur les rivières ; de diriger enfin, autant qu'il sera possible, toutes les eaux de leur territoire vers un but d'utilité générale, d'après les principes de l'irrigation. (Loi des 12-20 août, chap. vi, al. 3.)

Loi du 26 février-4 mars 1790, titre 1, art. 3 : Lorsqu'une rivière est indiquée comme limite entre deux départements ou deux districts, il est entendu que les deux départements ou les deux districts ne sont bornés que par le milieu du lit de la rivière, et que les deux directoires doivent concourir à l'administration de la rivière. — Art. 4 : La division du royaume en départements et en districts n'est décrétée, quant à présent, que pour l'exercice du pouvoir administratif.

Cinq-Cents, déclarait biens nationaux les rivières tant navigables que non navigables, sous la réserve du droit qu'avaient les riverains d'user des eaux des rivières non navigables (art. 403). Les événements politiques empêchèrent que ces projets devinssent des lois de l'Etat, et cette rédaction n'a pas été conservée lorsque le Code civil a définitivement statué sur ce point. La première rédaction de l'article 538 comprenait les cours d'eau non navigables ni flottables, et ces expressions ont été retranchées dans la rédaction définitive.

CHAPITRE III

PROPRIÉTÉ DES COURS D'EAU NON NAVIGABLES NI FLOT-
TABLES, D'APRÈS LE CODE CIVIL

§ 1. — Premier système : les cours d'eau sont des choses communes. — Exposé et réfutation.

§ 2. — Deuxième système : les cours d'eau font partie du domaine public. — Exposé et réfutation.

§ 3. — Troisième système : le tréfonds appartient aux riverains, l'eau courante est commune. — Exposé et réfutation.

§ 4. — Quatrième système : les cours d'eau non navigables ni flottables appartiennent aux riverains. — Arguments.

§ 1. — Depuis la promulgation du code civil, il s'est produit quatre opinions sur la question de savoir à qui appartiennent les rivières non navigables ni flottables.

Un premier système, adopté par la jurisprudence, range ces cours d'eau parmi les choses communes, dont la propriété n'est à personne, et dont l'usage est commun à tous. Il s'appuie sur les arguments suivants :

1° L'eau courante n'est pas susceptible de propriété privée ; comme il est impossible de concevoir une eau courante sans un lit dans lequel elle coule, et qui forme avec elle le corps de la rivière ; il en résulte que le lit lui-même ne saurait être considéré comme la propriété des riverains. Toutes les rivières rentrent dans les dispositions de l'article 714 ; ce sont des choses communes et la manière d'en jouir est réglée par les lois. L'article 538, en plaçant les cours d'eau navigables et flottables dans le domaine public, n'a eu pour but que d'en régler l'usage ; comme ils sont consacrés à un service public, la loi a voulu qu'ils ne pussent être l'objet d'aucun droit privé au profit des riverains. Pour les autres cours d'eau, ils n'ont pas été placés dans le domaine public, parce que l'intérêt général ne s'oppose pas à ce que les riverains aient sur eux certains droits privés et exclusifs ;

2° Il résulte de l'article 563, que le lit abandonné n'est pas la propriété des riverains, puisque la loi l'attribue aux propriétaires envahis par le changement de lit du cours d'eau. De plus, ces propriétaires envahis prennent le lit abandonné à titre d'indemnité ; ils ont donc perdu la propriété du sol qui forme le nouveau lit, puisqu'on les indemnise ;

3° Les divers droits concédés aux riverains leur sont attribués par des dispositions spéciales ; aucun texte ne parle de propriété. L'article 644, celui qui leur donne les droits les plus étendus, ne leur reconnaît qu'un droit d'usage limité, et cet article est placé au titre *des servitudes*; or il serait absurde d'accorder à quelqu'un dés droits sur sa propre chose. Les autres avantages concédés aux riverains, le droit aux alluvions, aux îles, le droit de pêche, ne sont pas une conséquence de leur droit de propriété, mais simplement une compensation des inconvénients et des dangers résultant du voisinage de la rivière ;

4° D'après le décret du 22 janvier 1808, lorsque l'Etat rend navigable une petite rivière, il n'indemnise les riverains que pour la servitude de halage, et non pour le cours d'eau, ni pour le sol et le lit. La loi du 15 avril 1829 accorde aussi, en pareil cas, une indemnité pour le droit de pêche, mais elle n'en donne pas davantage pour le corps de la rivière;

5° Les riverains ne paient pas la contribution foncière pour le lit des rivières, d'après l'article 103 de la loi du 3 frimaire an VII, qui déclare les rivières non cotisables. Or, toutes les propriétés privées sont soumises à l'impôt;

6° Si l'on admet que les riverains sont propriétaires jusqu'au milieu du cours d'eau, on ne peut pas comprendre l'article 557 du code civil, d'après lequel, lorsque le cours d'eau se retire d'un côté pour se porter de l'autre, les relais se forment au profit du riverain dont l'eau s'éloigne de plus en plus, et continuent de lui appartenir exclusivement alors même que le lit de la rivière se trouve entièrement déplacé et reporté plus loin.

En général, les partisans de cette opinion dis-

linguent les rivières des ruisseaux, et ils admettent
que ces derniers, seuls, appartiennent aux propriétaires du sol qu'ils arrosent.

Cette doctrine a été consacrée par la Cour de
cassation dans ses arrêts du 10 juin 1846, 17 juin
1850, du 8 mars 1865; par les cours de Paris, 24
août 1848, d'Agen, 4 mars 1856, de Rouen, 3 janvier
1866. Elle est soutenue par Merlin (*Questions de droit*,
v° Cours d'eau § 1), Nadault de Buffon (*Des usines*,
p. 25), Dalloz (*Répertoire*, v° Eaux n° 213), Demolombe (*Sur l'art. 511, C. civ.*, t. X p. 98 et suiv.)

Ce système est en contradiction avec les dispositions du Code civil.

1° L'art. 714 ne s'occupe pas des cours d'eau.
Car les seules choses qui ne soient pas susceptibles
de propriété et qui se trouvent sans maître sont
celles que la nature a destinées à l'usage commun
des hommes, et qui, d'après les lois physiques, ne
peuvent être la propriété exclusive de personne,
comme la mer, l'air, la lumière. Il ne peut pas avoir
pour but de parler des cours d'eau dont la réglementation se termine à l'art. 645. De plus, l'usage
des rivières n'est pas public, car ces cours d'eau
n'ont pas sur leurs rives de marche-pied obligé;
ils passent souvent à travers des propriétés bâties
ou closes, et l'usage commun à tous frapperait les
riverains dans leur sûreté personnelle. A ce point
de vue, c'est à tort qu'un arrêt du 8 mars 1865,
rendu par la Cour de cassation, a jugé qu'une personne, dont le fonds est traversé par une rivière,
ne peut pas clore sa propriété aux deux extrémités
par des chaînes tendues sur l'eau.

2° L'art. 563 est une disposition complétement arbitraire et exceptionnelle. Le législateur, entre deux propriétaires, l'un privé d'un terrain productif, l'autre acquérant la jouissance d'un sol qu'il était habitué depuis longtemps à regarder comme stérile, a préféré le premier au second. Cette disposition a été introduite en France par le parlement de Toulouse, séduit par des considérations d'équité très-contestables, alors même que l'on refuserait aux riverains toute espèce de droit de propriété sur les rivières. Il n'y a, en effet, aucun motif d'indemniser les propriétaires envahis du préjudice qu'ils souffrent, car ce préjudice provient d'un cas fortuit ; de plus, il est souverainement injuste de les indemniser aux dépens des riverains de l'ancien lit qui ont, pendant longtemps, supporté l'action destructive des eaux et les inconvénients résultant de son voisinage. En droit romain, le lit d'un fleuve public, abandonné par les eaux, était attribué aux riverains conformément aux règles de l'accession (§ 3, Inst. *de rer. div.* 2, 1.)

3° Les diverses dispositions du Code civil qui réglementent l'usage des eaux, n'ont pas pour but d'accorder des droits aux riverains, mais seulement de limiter ceux qu'ils ont déjà ; de façon que l'usage des eaux fait par un riverain ne nuise pas aux droits des propriétaires de la rive opposée ou des fonds inférieurs. Au reste, on verra plus loin que les articles 641 et 644, reconnaissent au propriétaire d'une source ou d'un fonds traversé par l'eau un véritable droit de propriété ; on verra également que le droit à l'alluvion et aux îles et le droit de

pêche sont des conséquences de la propriété. D'ailleurs, alors même qu'il n'y aurait là que de simples
droits d'usage, comment admettre qu'un particulier
ait plus de droits qu'un autre, sur une chose commune à tous.

4° Lorsqu'une rivière non navigable est rendue
navigable, le décret du 22 janvier 1808 ne dit pas
que l'Etat indemnise seulement pour la servitude
de halage. L'article 3 de ce décret est ainsi conçu :
*Il sera payé aux riverains des fleuves ou des rivières où
la navigation n'existait pas et où elle s'établira, une
indemnité proportionnée aux dommages qu'ils éprouveront,
et cette indemnité sera évaluée conformément aux dispositions de la loi du 16 septembre 1807.* Dans la discussion de la loi du 15 avril 1829, le rapporteur, M. de
Malleville, reconnut que les riverains étaient propriétaires des cours d'eau non navigables ni flottables, et que le droit de pêche ne leur était
attribué que comme une conséquence du droit de
propriété. Quant à l'indemnité, sur l'observation
de M. de Pontécoulant, on n'en parla que pour le
droit de pêche, parce qu'il faisait seul l'objet de la
loi.

5° Si les riverains ne paient pas la contribution
foncière pour la portion du lit qui leur appartient,
c'est à cause du principe même de cet impôt. La
contribution foncière frappe le revenu net des propriétés bâties ou non bâties; elle est spécialement
assise sur les produits de l'immeuble. Or une rivière
ne produit rien par elle-même; le champ qu'elle
féconde ou l'usine qu'elle met en mouvement paient
la contribution pour elle.

6° L'argument tiré de l'article 557 repose sur une confusion évidente ; il est certain que si le cours d'eau se déplace de toute sa largeur et se creuse un nouveau lit sur une de ses rives, il n'y a pas alluvion et relai, mais abandon de l'ancien lit, et, dans ce cas, il faut appliquer l'article 563 et non l'article 557.

§ 2. — Dans un deuxième système, on prétend que les cours d'eau non navigables ni flottables font partie du domaine public. On soutient que l'article 538, qui classe dans le domaine public les cours d'eau navigables et flottables, n'est pas limitatif et que cette disposition doit s'étendre encore aux autres cours d'eau.

En faveur de cette opinion, on invoque un argument historique : les rivières, ayant appartenu autrefois aux seigneurs justiciers, doivent appartenir actuellement à l'Etat, puisque les droits de justice ont fait retour à l'Etat. On s'appuie encore sur plusieurs des arguments exposés dans le paragraphe précédent, notamment ceux qui sont tirés des articles 563 et 557, et sur l'autorité du droit romain. D'après les Institutes, le lit des fleuves était public comme le fleuve lui-même ; le changement de lit produisait une expropriation complète et définitive (§ 23, Inst. 2, 1) ; le Code civil, ayant adopté les dispositions du droit romain relatives à l'alluvion et aux îles, a dû adopter également le principe dont ces dispositions sont la conséquence.

Cette opinion a été professée par Proudhon (Traité du domaine public n° 947 et suiv.) ; Royer-Collard

(Revue de législation, t. 1, p. 460); Foucart (t. 2, n° 447); Rives (Propriété du cours et du lit des rivières non navigables ni flottables); Caron (Actions possessoires, n° 62); jugé en ce sens: Toulouse, 6 juin 1832; Douai, 18 décembre 1845.

L'argument historique serait fondé si le législateur n'avait pas attribué les petites rivières aux riverains. Quant à l'article 538, les termes de l'article 644 font voir qu'il est limitatif : l'article 644 suppose deux espèces d'eaux courantes : celles qui font partie du domaine public et celles qui sont étrangères à ce domaine. Si l'article 538 n'avait pas eu un sens limitatif, on aurait dit, dans cet article : *les fleuves et rivières navigables flottables ou non...,* comme dans les articles 559 et 563. Ces articles et l'article 556, en mettant les deux espèces de cours d'eau sur la même ligne pour certaines dispositions spéciales, prouvent que, quant aux autres dispositions, elles doivent être distinguées.

La loi du 16 septembre 1807, art. 41, suppose également qu'il y a des cours d'eau ne faisant pas partie du domaine public ; cet article 41 est ainsi conçu : le gouvernement concédera, aux conditions qu'il aura réglées, les marais, lais et relais de la mer, le droit d'endiguage, les accrues, atterrissements et alluvions des fleuves, rivières et torrents, *quant à ceux de ces objets qui forment propriété publique ou domaniale.*

L'article 644 reconnaît aux riverains le droit de se servir des eaux courantes pour l'irrigation, sans demander d'autorisation ; or, si ces cours d'eau appartenaient au domaine public, on ne pourrait en détourner une partie qu'en vertu d'une concession administrative.

Enfin le gouvernement a reconnu, à diverses reprises, que les lois qui confient à l'administration la connaissance des contraventions relatives aux rivières navigables et flottables ne sont point applicables aux autres cours d'eau (1).

Les dispositions du droit romain que l'on cite à l'appui de cette opinion ne s'appliquaient qu'aux fleuves publics ; et l'on sait qu'il y avait, dans l'empire romain, des *flumina privata.* D'ailleurs, il n'est pas exact de dire que le Code ait adopté la législation romaine en matière de cours d'eau ; l'art. 563, par exemple, déroge aux règles de l'accession telles qu'on les trouve dans les textes (L. 7, § 5, D. 41. 1).

§ 3. — Une troisième opinion distingue le lit et le cours d'eau ; le lit, le tréfonds, appartient aux riverains, l'eau courante n'est à personne. D'après les partisans de ce système, l'eau courante est, comme élément, au nombre des choses communes, et toute personne peut en user sous la condition d'observer les lois qui règlent la manière d'en jouir, d'après l'art. 714 C. civ. Ces eaux diffèrent de celles d'une source qui, tant qu'elles sont encore sur le fonds où est la source ou dans les fonds inférieurs qui pourraient y avoir acquis des droits, appartien-

(1) Avis du Conseil d'Etat du 17 mars 1804. — Arrêté du Directoire exécutif du 19 ventôse an VI. — Décret du 2 janvier 1809, Sir. 1817, 2, 97. — Ordonnance du 13 mai 1818, Sir. 18, 2, 297. — Ordonnance du 6 décembre 1820, Sir. 20, 2, 119.

nent réellement aux propriétaires de ces héritages, d'après les articles 641 et 642 C. civ., mais qui deviennent des eaux courantes dès qu'elles en sont sorties.

Toutefois le sol sur lequel passent les eaux courantes est la propriété des riverains puisque, d'après l'article 561, les îlots et atterrissements qui s'y forment leur appartiennent ; ce qui n'aurait pas lieu si ce sol était considéré comme une propriété publique ou une chose commune. En droit romain le lit du fleuve était, comme les rives, la propriété des riverains, bien que l'usage en fut public (L. 30, § 1, D. 41, 1).

Cette opinion a été soutenue par Duranton (t. V, n° 208) ; Latreille (*Revue critique*, juin 1867).

Cette théorie n'est pas admissible ; j'ai dit déjà quelle était la portée du principe d'après lequel l'eau courante serait une chose commune. Il est impossible de distinguer les divers éléments d'un cours d'eau, et de les classer dans des domaines différents. Une fois que l'on admet que les riverains sont propriétaires du lit, il faut admettre qu'ils sont propriétaires de l'eau qui coule dans ce lit, puisque, aux termes de l'art. 552 C. civ., la propriété du sol emporte celle du dessous et du dessus ; l'eau n'est, par suite, qu'un accessoire du lit et des rives.

Le texte de droit romain invoqué en faveur de cette opinion n'a trait qu'aux fleuves publics. Il rapporte une opinion particulière au jurisconsulte Pomponius, qui n'a pas été consacrée par la législation ; l'opinion de Gaïus, qui considérait le lit du fleuve comme public, en propriété comme en usage, a triomphé (L. 7 § 5, D. 41, 1; § 23, Inst. 2, 1).

En 1808, lorsqu'on s'occupait de la rédaction du Code rural, il fut question d'adopter ce système, mais seulement pour les fleuves navigables ou flottables. Car, au sujet des petites rivières, la commission pour le Code rural avait reconnu elle-même que le projet était impraticable, à cause des changements incessants que présente leur cours irrégulier et capricieux.

§ 4. — Les riverains sont propriétaires des cours d'eau non navigables ni flottables, d'après le Code civil. L'intention du législateur ressort clairement des paroles prononcées par Portalis, à propos de l'article 556, en présentant l'exposé des motifs : « Le système féodal a disparu, conséquemment il ne peut pas faire obstacle au droit des riverains. » (Locré. Législation, t. X sur l'article 556).

Aucun texte ne le déclare expressément. Lors de la préparation du Code civil, sous l'article 563 (art. 22 du projet), le tribunal d'appel de Lyon fit observer : « On a oublié de statuer : les rivières et ruisseaux non navigables ni flottables appartiennent aux riverains des deux bords ; on a supposé cette propriété par les lois qui sont la conséquence de cette distinction ; on ne l'a point énoncée. » Le tribunal de Montpellier fit une observation analogue. La section de législation du Conseil d'Etat a trouvé probablement que les principes de la distinction des cours d'eau en deux classes étaient suffisamment indiqués.

L'analyse des textes confirme cette opinion.

L'attribution des îles et atterrissements au propriétaire riverain du côté où l'île s'est formée, d'après l'article 561, suppose que le riverain est propriétaire du lit jusqu'au milieu. Cette disposition est placée sous la rubrique *du droit d'accession;* il faut donc que le lit du cours soit la propriété du riverain; car on ne peut pas supposer que l'île appartiendrait à un particulier, alors que le tréfonds appartiendrait à l'Etat ou serait *res nullius. Accessorium sequitur principale;* si l'île, accessoire du lit, est attribuée au riverain, c'est que le lit, chose principale lui appartient déjà. On ne peut pas prétendre qu'une île doit être considérée comme l'accessoire, non du lit, mais des rives; il est impossible de voir dans l'île l'accessoire d'un terrain avec lequel, par sa nature même, elle n'a aucune communication.

L'article 641 reconnaît incontestablement le droit de propriété de celui qui a une source dans son fonds. De même, l'article 644 reconnaît à celui dont l'héritage est traversé par une eau courante, un droit d'usage illimité et indéfini; il peut déplacer complètement le lit du cours d'eau; il a donc le *jus abutendi* du lit. Ces deux articles ne parlent que d'une restriction apportée à la faculté de disposer de l'eau : c'est l'obligation de la laisser couler sur les fonds inférieurs qui y ont droit. Le propriétaire d'un fonds est propriétaire de l'eau courante jusqu'au moment où elle sort de son fonds; la rivière ne cesse pas d'être privée en passant d'un fonds sur un autre; chaque propriétaire a le lit et l'eau dans la mesure de son champ; le lit parce qu'il reste maître du sol, l'eau parce qu'elle est un accessoire du lit, et que, d'ailleurs, nul autre ne peut en user. Ce droit n'est restreint que par la charge de consentir à la transmission de l'eau.

Le droit de pêche, attribué aux riverains dès 1793, leur a été reconnu, sous l'empire du Code, par un avis du Conseil d'Etat du 19 février 1805. Il est formellement consacré par l'article 2 de la loi du 15 avril 1829 sur la pêche fluviale. Les riverains, d'après la loi du 14 floréal an XI et le décret du 30 pluviose an XIII, ont exclusivement le droit de recueillir le sable et les plantes aquatiques jusqu'au milieu du lit.

On trouve, en faveur de cette opinion, des arrêts de la cour de cassation (21 février 1810 et 7 décembre 1842); des cours de Rouen (27 novembre 1809 et 23 mars 1839), d'Amiens (23 janvier 1843), de Riom (24 janvier 1856), de Paris (2 août 1862, cassé le 8 mars 1865. — Dall. Pér. 65, 1, 130). Elle est professée par Toullier (t. III, n° 144); Daviel (t. 2, n° 529 et suiv.); Troplong (*Prescription*, t. 1. n° 145); Ducaurroy, Bonnier et Roustaing (t. 2, n°ˢ 122 et 126); Marcadé (t. 11 sur l'art. 561); Pardessus (*Servitudes*, t. 1, n° 77); Championnière (*Propriété des eaux courantes*); Dorlencourt (*Revue pratique* 1857, t. IV, p. 306).

Les riverains étant propriétaires des cours d'eau non navigables ni flottables, les divers droits que la loi leur reconnaît sur ces cours d'eau ne sont qu'une conséquence de ce droit de propriété et non pas des servitudes, comme le soutiennent ceux qui attribuent ces rivières au domaine public, ou qui en font des choses communes. Le plus important de ces droits, celui de détourner les eaux pour l'irrigation, peut être concédé par un riverain à des tiers non riverains, d'après l'article 1 de la loi du 29 avril 1845 sur les irrigations; ce n'est donc pas une servitude attachée à un fonds. Le droit de pêche peut être acquis à des propriétaires non riverains par titre ou par prescription, d'après l'article 2 de la loi du 15 avril 1829; or, si ce droit était une servitude, ce serait une servitude discontinue que l'on ne pourrait pas acquérir par l'usage.

DEUXIÈME PARTIE

DROITS D'USAGE SUR LES COURS D'EAU NON NAVIGABLES NI FLOTTABLES

CHAPITRE Ier

PERSONNES A QUI COMPÈTE L'USAGE DES COURS D'EAU

§ 1. — Droits résultant de la situation des lieux.
§ 2. — Droits résultant de titres.
§ 3. — Droits résultant de la prescription.
§ 4. — Restrictions apportées à ces droits.

§ 1. — Le droit à l'usage de l'eau des rivières non navigables ni flottables appartient d'abord aux riverains par suite de leur position et comme conséquence de leur droit de propriété; en second lieu, aux personnes qui ont acquis ce droit soit par une concession des riverains, soit par une autorisation de ceux qui, autrefois, disposaient de ces cours d'eau; enfin à ceux qui l'ont acquis par prescription.

Les fonds riverains sont ceux qui sont bordés ou traversés par l'eau courante. Pour savoir quels fonds doivent être considérés comme riverains, il faut

considérer l'état des lieux au moment où est formée la réclamation tendant à l'usage de l'eau. Car,
pour qu'une personne ait ce droit, il faut que le
cours d'eau passe, complètement ou en partie, sur
le sol qui lui appartient. Par suite, si le cours d'eau
change de lit, les riverains du nouveau lit pourront
seuls prétendre à l'usage de l'eau et les riverains
du lit abandonné perdront leurs droits. Il résulte
encore de ce principe que ces droits d'usage ne
peuvent pas être réclamés par ceux dont l'héritage
est séparé du cours d'eau par un chemin public, ou
même par un chemin particulier appartenant à un
tiers.

Les droits des riverains, étant égaux, se limitent
respectivement. Le propriétaire des deux rives d'un
cours d'eau a des droits plus étendus que le propriétaire d'une seule rive, parce que les droits du
second sont limités, non-seulement par ceux des
propriétaires des fonds inférieurs, mais encore par
ceux des riverains opposés.

Le premier paragraphe de l'art. 644 du Code
civil, siége de la matière, est ainsi conçu : Celui
dont la propriété borde une eau courante, autre que
celle qui est déclarée dépendance du domaine public par l'art. 538, peut s'en servir à son passage
pour l'irrigation de ses propriétés. Le propriétaire
d'une seule rive n'a donc pas le droit de détourner
le cours d'eau, puisqu'il ne peut s'en servir qu'à
son passage. Il peut faire des prises d'eau au moyen
de rigoles, de saignées, de barrages ; mais, à la
différence du propriétaire des deux rives, il ne
pourrait prolonger son barrage que jusqu'au milieu

du cours d'eau ; pour l'étendre jusqu'à la rive opposée, il faut qu'il ait obtenu le droit d'appui sur cette rive.

Bien que l'art. 644 ne parle que d'irrigation, on admet généralement que le propriétaire d'un fonds bordé par le cours d'eau peut faire des prises d'eau destinées à un usage d'utilité professionnelle ou d'agrément, tant qu'il ne nuit pas aux droits des riverains opposés.

Il est évident, d'après les termes de notre article, que le propriétaire peut détourner l'eau pour arroser les terres contigües au champ riverain. Il peut même user de l'eau au profit de fonds plus éloignés qui lui appartiennent. On objecte que, l'art. 644 n'accordant de droits qu'à celui dont le fonds est bordé par une eau courante, ces droits doivent être restreints aux fonds en contact avec l'eau; que l'irrigation n'est qu'une compensation des inconvénients du voisinage de la rivière; que la loi du 29 avril 1845 sur les irrigations n'a pas modifié la législation antérieure. Mais les termes mêmes de l'art. 644 sont très-généraux ; ils reconnaissent au riverain le droit d'user de l'eau pour l'irrigation de ses propriétés, sans distinguer entre les propriétés riveraines et non riveraines. De plus, la loi de 1845 sur les irrigations, en accordant à tout propriétaire la faculté de demander le passage de l'eau dont il a le droit de disposer pour l'irrigation de ses fonds plus ou moins éloignés, a, par cela même, reconnu que l'usage de ces eaux n'est pas exclusivement attaché aux fonds bordant le cours d'eau (Loi du 29 avril 1845, art. 1).

Le propriétaire d'une seule rive n'est pas tenu de rendre l'eau à son cours ordinaire après s'en être servi, car les dérivations qu'il a faites n'arrêtent pas le cours de l'eau qui continue de couler pour l'usage des autres riverains.

Le propriétaire d'un fonds traversé par l'eau courante peut, d'après la deuxième partie de l'art. 644, en user dans l'intervalle qu'elle y parcourt, à charge de la rendre, à la sortie, à son cours ordinaire. Il est maître de l'eau tant qu'elle coule sur son fonds ; il peut, non-seulement faire des prises d'eau, mais encore la détourner complètement dans l'intervalle qu'elle parcourt sur son fonds, à charge par lui de la rendre à son cours ordinaire au point où il cesse d'être propriétaire des deux rives ou de l'une d'elles seulement. Son droit est plus étendu que celui du propriétaire d'une seule rive ; mais il est limité par ceux des riverains inférieurs.

D'après l'art. 641, celui qui a une source dans son fonds, peut en user à sa volonté, sauf le droit que le propriétaire du fonds inférieur pourrait avoir acquis par titre ou par prescription. L'art. 643 apporte encore une restriction à ce droit dans le cas de nécessité publique. Sauf ces deux limitations, le propriétaire du sol est propriétaire de l'eau tant qu'elle n'est pas sortie de son fonds ; il peut la retenir, faire des fouilles ou des travaux qui l'empêchent de couler sur les fonds inférieurs, la détourner vers d'autres fonds, la vendre, la céder. L'eau ne cesse de lui appartenir que lorsqu'elle est sortie de son fonds sans qu'il en ait disposé.

§ 2. — Les propriétaires riverains peuvent concéder à des tiers, même non riverains, le droit d'user de l'eau tel qu'il leur appartient. La concession peut être faite à titre onéreux ou gratuit, par acte entre vifs ou de dernière volonté. La convention par laquelle un riverain cède tout ou partie des droits qui lui compètent, peut être opposée à tous les riverains, en tant qu'elle ne restreint pas leurs propres droits. Elle est, de plus, obligatoire pour tout successeur, même à titre particulier, de celui qui a consenti une telle cession (1).

Lorsqu'une partie d'un fonds riverain a été aliénée, l'acquéreur des portions non riveraines a droit à l'usage de l'eau, si ce droit fait l'objet d'une clause expresse ou s'il doit être considéré comme tacitement concédé ou réservé par suite de l'existence de travaux destinés à faciliter l'exercice pour l'héritage entier; de même s'il y a eu partage. Il y a, en ce cas, établissement de la servitude d'aqueduc par destination du père de famille (art. 693); et l'existence de cette servitude suppose le droit de prise d'eau.

La réserve du droit de prise d'eau au profit des portions non riveraines forme une convention opposable aux autres riverains et aux propriétaires inférieurs, puisque le propriétaire du fond bordé par l'eau peut céder ses droits à un étranger non riverain.

Un propriétaire non riverain peut encore avoir

______

(1) Req. rej. 18 novembre 1845, Sir. 46, 1, 74; Caen, 22 février 1857, Sir. 57, 2, 204.

droit à l'usage de l'eau en vertu d'un ancien statut,
l'art. 645 du Code civil prescrivant l'observation des
anciens règlements; ou bien en vertu d'une autorisation consentie avant 1789, par les seigneurs qui
disposaient des eaux courantes. Les lois abolitives
de la féodalité n'ont pas frappé d'inefficacité les concessions de cette nature faite à des particuliers non
seigneurs. (1)

§ 3. — La faculté d'user de l'eau n'étant qu'une
conséquence du droit de propriété, il en résulte
qu'elle est imprescriptible en ce sens qu'elle ne se
perd pas par le non-usage; l'abstention d'un riverain,
alors même qu'elle a permis aux autres de jouir de
l'eau dans une mesure plus étendue que celle à
laquelle ils auraient pu prétendre, ne leur crée pas
un titre dont ils puissent se prévaloir; ce n'est là
qu'un acte de pure faculté et de simple tolérance
qui, d'après l'art. 2232 C. civ., ne peut fonder ni
possession, ni prescription.

Mais ce droit d'usage, étant susceptible d'aliénation, peut être acquis par prescription (art. 2226).
Il en résulte qu'un riverain peut acquérir, au détriment des propriétaires opposés ou inférieurs, la
faculté de détourner un volume d'eau plus considérable que celui auquel il aurait droit suivant l'article
644, et qu'un propriétaire non riverain peut acquérir un droit de prise d'eau au préjudice des riverains.

(2) Req. rej. 23 ventôse an X, Sir. 2, 1, 116 ; 19 juillet 18 30,
Sir. 34, 1, 618 ; 10 avril 1838, Sir. 38, 1, 842 ; — civ. rej. 9 août
1843, Sir. 44, 1, 6. — Cons. d'Et. 22 et 29 novembre 1851.

Il faut, pour cela, qu'une contradiction suffisante ait mis celui à qui le droit compète en mesure de le faire valoir, et qu'elle ait été suivie pendant trente ans de l'inaction de celui-ci.

La jurisprudence a reconnu qu'un riverain d'un cours d'eau non navigable ni flottable pouvait acquérir par la prescription le droit de se servir des eaux au détriment de ses co-riverains, notamment celui de les amener sur son fonds au moyen de saignées, quoique, à raison de la disposition des lieux, il ne puisse pas les rendre à leur cours ordinaire à la sortie du fonds (Req. rej. 3 juin 1861 ; confirm. Agen, 30 novembre 1859 ; Sir. 62, 1, 383).

Une prise d'eau, pour être susceptible d'acquisition par l'usage, doit être continue et apparente. La jurisprudence lui a reconnu ce caractère ; il a été jugé qu'une prise d'eau est continue et apparente lorsqu'elle s'annonce par des ouvrages extérieurs tels qu'un déversoir à vannes mobiles, alors même que le riverain ferait usage tantôt d'une planche, tantôt de deux, suivant la diversité de ses besoins (Cass. 24 janvier 1860. Bernigaud de Chardonnet c. Villard).

Pour que la possession d'une prise d'eau soit utile pour la prescription, il faut, ainsi que je viens de le dire, qu'une contradiction suffisante ait mis les riverains, au préjudice desquels elle s'exerce, en demeure de faire valoir leurs droits (Cass. 4 avril 1842, aff. Aguel, Sir. 42, 1, 308). Un arrêt de la cour de Pau, du 21 mai 1861 (Sir. 61, 2, 624) détermine la nature de cette contradiction. La contradiction ne doit pas être nécessairement verbale ou écrite.

Elle résulte suffisamment d'un fait manifeste et flagrant, tel qu'un ouvrage extérieur et permanent, ayant pour objet de conduire les eaux sur le fonds de celui qui invoque la prescription et d'en priver les autres propriétaires riverains.

Il n'est pas indispensable, d'après le même arrêt, que les travaux ayant cette destination soient exécutés sur les fonds de ces derniers, comme on l'a prétendu en invoquant l'art. 642. Cet article ne s'applique que dans le cas où il s'agit d'acquérir une servitude sur les eaux d'une source s'écoulant d'un fonds supérieur, et non, dans le cas où il s'agit, d'acquérir par prescription un droit de propriété sur les eaux d'une rivière non navigable ni flottable, bordant des propriétés privées. La possession utile commence du jour où un obstacle est apporté au droit des riverains contre lesquels on prescrit, avec les conditions de manifestation extérieure exigées en pareil cas.

A l'égard des riverains supérieurs, la contradiction résultant de pareilles entreprises ne serait pas suffisante; car des travaux quelconques faits en aval ne les mettent pas dans l'impossibilité d'user des eaux en amont. Ainsi, il a été jugé que la jouissance par les riverains inférieurs de la portion d'eau dont un riverain supérieur s'est abstenu d'user ou n'a usé que partiellement ne constitue qu'une possession de pure tolérance qui ne peut servir de base à une action possessoire contre ce riverain supérieur dans le cas où il viendrait à exercer, pour la première fois ou dans toute son étendue, son droit d'irrigation (Req. 17 février 1858, D. P. 1858, 1, 297). Pour

mettre les riverains supérieurs en demeure de faire
valoir leurs droits, il faut que l'auteur des travaux
faits en aval déclare par acte judiciaire ou extra-
judiciaire qu'il s'oppose à l'exercice de ces droits.
Si le riverain supérieur laisse écouler trente ans
depuis la contradiction sans faire reconnaître son
droit en justice ou sans l'exercer matériellement,
dans le cas où le riverain inférieur lui a fait défense
de continuer une entreprise qui le trouble dans sa
jouissance, la prescription est acquise contre lui (1).

La prescription peut encore donner des droits à
l'usage de l'eau provenant d'une source située dans
dans un fonds supérieur, d'après l'article 641 du
Code civil. Le temps requis pour prescrire, d'après
l'article 642, est de trente ans à dater de la confection des travaux destinés à faciliter le cours de l'eau
sur le fonds inférieur. Ces ouvrages, visibles et permanents, doivent être établis par le propriétaire
du fonds inférieur et situés sur le fonds de celui
contre lequel on prescrit. Il s'agit ici d'acquérir,
contre ce dernier, une servitude d'aqueduc, et des
ouvrages, placés ailleurs, ne pourraient grever son
fonds d'une servitude.

La prescription ne peut pas modifier ou étendre
les droits résultant de titres ou de règlements entre
co-usagers lorsqu'il y a entre eux association; car
il n'y a pas de prescription entre associés. Elle ne
peut pas s'accomplir, alors même qu'il y a eu contradiction, contre un règlement administratif, lorsque la dérogation porte atteinte aux droits des tiers

(1) Aubry et Rau sur Zachariæ, t. ii, p. 526.

ou à l'intérêt général (1); mais, dans le cas contraire, elle pourrait être invoquée comme ayant dérogé au mode de jouissance établi par un règlement (2).

Un propriétaire non riverain ne peut pas acquérir par prescription un droit de puisage ou d'abreuvage à travers un fonds riverain, ces droits constituent des servitudes discontinues qui, d'après l'article 691, ne peuvent s'acquérir que par titre.

§ 4. — Les droits des riverains sur un cours d'eau sont limités d'abord par les droits des autres riverains ou par ceux que des tiers ont acquis. D'autres limitations résultent, soit de considérations d'intérêt général, soit du respect dû à la propriété d'autrui.

C'est ainsi que, d'après l'art. 643, le propriétaire d'une source ne peut pas en changer le cours lorsqu'il fournit aux habitants d'une commune, village ou hameau, l'eau qui leur est nécessaire. La propriété subsiste, mais les besoins de la communauté prévalent. Cette restriction doit être motivée, non par une utilité passagère, mais par une impérieuse nécessité. Le propriétaire doit être indemnisé, à moins que les habitants n'aient acquis par prescription ou autrement l'usage de l'eau. Par analogie, la jurisprudence interdit au propriétaire d'un fonds traversé par l'eau courante, d'en changer la direction au préjudice des besoins d'une communauté d'habitants (3).

(1) Cons. d'Et. 17 janvier 1831, Petel; Cass. 24 juin 1841, Etienne; Paris, 8 août 1836, Teston, c. Ansiaume.

(2) Aubry et Rau, t. ii, p. 528; Demolombe, t. xi, n° 183.

(3) Nancy, 29 avril 1842, Sir. 42, 2, 486.; req. rej. 15 janvier 1849, Sir. 49, 1, 329.

Une autre restriction est apportée aux droits des riverains dans l'intérêt de la salubrité des eaux : il est interdit de s'en servir de manière à les altérer et à les corrompre (art. 15, loi des 28 sept.-6 oct, 1791). Cette règle ne doit pas être interprétée d'une façon trop rigoureuse; sinon, le moindre lavage serait impossible.

Lorsqu'une rivière est flottable à bûches perdues, les riverains doivent laisser au bord de la rivière, un sentier large de quatre pieds, pour le passage des flotteurs. Cette obligation, imposée par l'ordonnance de 1672 (tit. xvii, art. 7), par l'ordonnance de 1669 (tit. xv, art. 2), et par un arrêt du Conseil du 7 septembre 1694, a été rappelée par un arrêté du Directoire exécutif du 13 nivôse an v (art. 3). Le riverain ne peut planter ou bâtir qu'en deça de cet espace de quatre pieds ; mais l'art. 671 C. civ. ne lui est pas applicable parce qu'il reste propriétaire du sol. Le flottage à bûches perdues résulte soit d'anciens usages ou règlements, soit de conventions. Actuellement, il faut pour l'établir une déclaration d'utilité publique avec indemnité préalable, car c'est une atteinte à la propriété privée. L'administration doit, dans ses décisions, concilier l'intérêt général avec les droits antérieurement acquis par les tiers, comme les usiniers.

Les riverains, étant propriétaires jusqu'au milieu du lit, les fonds situés en face l'un de l'autre ne sont séparés que par la ligne médiane du cours d'eau, et leurs propriétaires sont assujettis aux règles de la mitoyenneté.

Les riverains ou leurs concessionnaires ne peuvent rien faire qui soit de nature à causer aux autres riverains un dommage injuste. Ainsi, ils ne peuvent pas établir des ouvrages qui auraient pour résultat de faire refluer les eaux sur les fonds voisins ou d'occasionner l'infiltration des eaux dans ces fonds ; ils ne doivent pas non plus rejeter les eaux sur la rive opposée. En général l'appréciation des faits est laissée aux tribunaux. Quelques cas ont été spécialement prévus ; la loi des 28 sept.-6 oct. 1791 et l'art. 457 C. pén. punissent d'une amende quiconque aura inondé les héritages voisins. Les riverains ne peuvent pas davantage établir sur le cours d'eau des ouvrages qui en modifieraient l'écoulement au préjudice d'une usine légalement établie soit en aval, soit en amont.

CHAPITRE II

DROITS DIVERS SUR LES COURS D'EAU NON NAVIGABLES NI FLOTTABLES

§ 1. — Iles, alluvions, lit abandonné.
§ 2. — Pêche.
§ 3. — Usines.
§ 4. — Irrigations.

§ 1. — D'après l'article 561 C. civ., les îles et atterrissements qui se forment dans les cours d'eau non navigables ni flottables appartiennent au propriétaire riverain du côté où l'île s'est formée. La propriété de l'île est une conséquence de la propriété du lit de la rivière.

Pour partager l'île entre ceux qui y ont droit, on suppose une ligne tracée au milieu du cours d'eau : si l'île n'est pas traversée par cette ligne, elle appartient exclusivement au riverain du côté duquel elle s'est formée ; en cas contraire, elle se divise suivant la même ligne entre les propriétaires des deux rives, d'après l'article 561 ; si l'île se prolonge au devant du fonds appartenant à des propriétaires différents, elle se partage entre eux, pour la totalité ou pour la portion afférente à chaque rive, proportionnellemeut à la largeur que chacun des héritages présente sur la rive. On ne tient pas compte de la direction des lignes qui divisent ces héritages; on abaisse de chacun des points séparant sur la rive ces différents héritages, des perpendiculaires sur l'axe du cours d'eau ; ces perpendiculaires divisent l'île entre les différents propriétaires.

L'article 561 ne s'applique pas au cas où un cours d'eau, en se formant un nouveau lit a converti en île un fonds appartenant à un propriétaire quelconque; celui-ci, d'après l'article 562, conserve la propriété de son fonds.

L'alluvion est un atterrissement qui se forme successivement et imperceptiblement au fonds riverain d'un cours d'eau. L'atterrissement ainsi formé appartient au propriétaire du terrain auquel il adhère, d'après l'art. 556 C. civ. La conformation de la rive n'a aucune influence dans la question.

Peu importe que les atterrissements soient l'œuvre de la nature ou qu'ils aient été déterminés par des travaux exécutés par des tiers ; à moins qu'il ne s'agisse de portions de terre subitement détachées d'une rive et transportées sur l'autre par une crue extraordinaire ; dans ce cas, il n'y a pas alluvion et l'on doit appliquer l'art. 559.

Pour qu'il y ait alluvion, il faut que l'atterrissement adhère à la rive et soit compris en dehors des limites du lit de la rivière tel qu'il est déterminé par la plus grande hauteur des eaux dans leur état normal. Sur ce point, il n'y a pas de différence entre les deux classes de cours d'eau, pourvu qu'il s'agisse d'un cours d'eau naturel et permanent ; car il ne peut en être question pour les cours d'eau intermittents.

L'art. 557 attribue également aux riverains les relais, c'est-à-dire les terrains que l'eau laisse à découvert en se retirant insensiblement d'une de ses rives pour se porter sur l'autre.

L'atterrissement qui se forme le long de plusieurs héritages est partagé entre les différents propriétaires de la même manière que les îles.

Lorsqu'une rivière se forme un nouveau cours en abandonnant son ancien lit, les propriétaires des fonds nouvellement occupés prennent, à titre d'indemnité, d'après l'art. 563 C. civ., l'ancien lit abandonné, chacun dans la proportion du terrain envahi. C'est là une dérogation aux principes de l'accession, dont les motifs ont été déjà exposés. Cette disposition anormale entraîne la dépossession des îles qui s'étaient formées dans l'ancien lit au profit des an-

ciens riverains. Des auteurs, qui refusent au riverain la propriété du lit, veulent que le riverain de
l'ancien lit reste propriétaire des îles qui s'y étaient
formées, alors que ce lit est attribué aux propriétaires envahis (1). Mais lorsqu'on admet que la loi
enlève aux anciens riverains la propriété d'un sol à
eux appartenant, il faut penser qu'avec ce sol, elle
leur en enlève les accessoires. D'ailleurs, dans le
système opposé, la situation faite aux anciens riverains est bizarre ; ils seraient propriétaires du
sommet d'un monticule dont la base et les flancs
appartiendraient à des étrangers.

Si la rivière revient à son ancien lit, ceux à qui
il avait été attribué ne peuvent reprendre le second
lit, maintenant abandonné, qu'en vertu de l'article
563 et non par une sorte de droit de retour dont
aucun texte législatif ne porte la trace. Pour avoir
le droit de reprendre les terrains dont ils avaient
été dépouillés à la suite du changement de cours
de la rivière, il faut, par conséquent, qu'ils soient
restés propriétaires des portions du second lit, à
eux attribuées à titre d'indemnité.

Les riverains ont le droit exclusif soit d'extraire
du lit de la rivière les limons, sables, graviers, soit
de récolter des herbes, roseaux, joncs, etc., qui y
croissent. Cette faculté est encore une conséquence
du droit de propriété : elle résulte de la loi du 14
floréal an XI et du décret du 30 pluviôse an XIII.
Car c'est un moyen nécessaire du curage mis à leur
charge, et l'indemnité la plus juste et la plus natu-

_____

(1) Aubry et Rau sur Zachariæ, t. ii, p. 229.

relle de cette obligation. Lorsque le curage est fait par un usinier, c'est à lui qu'appartient le limon, d'après la jurisprudence (1).

§ 2. — La propriété de la rivière entraîne, au profit des riverains, le droit exclusif à la pêche jusqu'au milieu du cours d'eau ou dans toute sa largeur, suivant que le cours d'eau borde ou traverse l'héritage. Le droit de pêche, reconnu aux riverains par les avis du conseil d'Etat du 27 nivôse an XIII et du 19 octobre 1811, a été consacré par la loi du 15 avril 1829 sur la pêche fluviale. L'article 5 de cette loi reconnaît même aux riverains des cours d'eau non navigables un droit plus exclusif que celui de l'Etat sur les grands cours d'eau : il interdit aux étrangers la pêche avec une ligne tenue à la main, sans le consentement du propriétaire, alors que ce mode de pêche est toléré sur les cours d'eau appartenant au domaine public.

Le droit de pêche n'est, pas plus que les autres droits des riverains, une servitude attachée à un fonds. En effet, si c'était une servitude, ce serait une servitude discontinue qui ne pourrait s'acquérir que par titre; or, l'art. 2 de la loi du 15 avril 1829 reconnaît qu'il peut s'acquérir par l'usage. Il résulte de cette loi que ce droit peut être exercé par un non riverain. Le droit de pêche, envisagé comme un démembrement de la propriété, peut être aliéné ; les riverains peuvent affermer la pêche sur le bord de leurs héritages ; une telle aliénation ne

____

(1) Cass., 10 janvier 1853.

constitue au profit du concessionnaire qu'un droit de jouissance personnelle qui s'éteint par sa mort. Inversement, la location de l'immeuble, à moins de stipulation contraire, ne comprendrait pas ce droit, car la pêche n'est pas un fruit régulier et essentiel du fonds, et le bail n'est que la cession des produits utiles.

Le droit de pêche, étant aliénable, peut être acquis par prescription, aux termes de l'art. 2226 C. civ., et de l'art. 2 de la loi du 15 avril 1829.

Les riverains peuvent établir sur les rivières des pêcheries, barrages, etc., destinés à l'exercice de leur droit, à condition de ne pas nuire aux autres riverains, et sous l'inspection de l'autorité administrative chargée d'assurer le libre écoulement des eaux.

La loi du 15 avril 1829 et celle du 31 mai 1865 ont reconnu à l'administration la faculté d'intervenir, dans un but d'utilité publique, pour assurer la reproduction du poisson et le repeuplement des rivières. C'est ainsi qu'il est interdit d'établir des barrages qui empêchent complètement le passage du poisson, de jeter dans l'eau des drogues enivrantes, de pêcher en temps de frai ou avec des engins prohibés par les ordonnances.

Le décret du 29 avril 1862 a attribué au ministre des travaux publics la police de la pêche dans les cours d'eau non navigables ni flottables. Cette surveillance est confiée au service des ponts-et-chaussées dont les agents constatent les contraventions aux lois et règlements en cette matière. Les gardes particuliers sont eux-mêmes des officiers de police judiciaire, d'après l'art. 67 de la loi de 1829. La poursuite des délits et contraventions aux dispositions d'intérêt général, telles que l'emploi d'engins interdits, l'exercice de la pêche pendant les saisons ou aux heures prohibées, appartient au ministère public (1). Lorsqu'il n'y a qu'un préjudice causé à un particulier, par exemple, dans le cas de pêche sans autorisation du propriétaire, alors que d'ailleurs il n'y a pas d'autre infraction, la poursuite ne peut avoir lieu qu'au nom et à la diligence des parties intéressées (2).

Le droit de pêche n'appartient aux riverains que lorsqu'il s'agit d'un cours d'eau naturel ; ce droit appartient exclusivement au propriétaire d'un canal creusé de main d'homme.

§ 3. — Les cours d'eau ont une force motrice, applicable à l'industrie, qui dépend de la quantité de fluide et de la pente. On appelle pente d'un cours d'eau le rapport entre la différence de niveau de deux points pris à la surface et dans le sens du courant, à la distance qui les sépare comptée horizontalement. La quantité de l'eau est sauvegardée par les mesures de répartition prescrites par la loi. La pente pourrait être modifiée par chaque riverain dans l'étendue de sa propriété. Comme la force motrice est nécessairement une chose n'appartenant à personne et pouvant servir à tous, bien que le riverain soit seul en position d'en user, il ne peut y

(1) Loi de 1829, titre vi ; loi de 1865, art. 11.

(2) Loi de 1829, art. 65, 66 et 67.

apporter de modification qu'en se conformant aux lois et aux règlements (1).

Une autorisation administrative est nécessaire pour établir des usines, aussi bien sur des cours d'eau non navigables que sur ceux qui font partie du domaine public. Mais, sur les petits cours d'eau, l'administration ne concède pas un droit nouveau, elle ne fait que régler un droit préexistant; elle ne pourrait pas concéder, au préjudice d'un riverain, une chute se trouvant sur sa propriété. Sa mission se borne à constater que l'intérêt général ne fait pas obstacle à l'exercice d'un droit privé, et à déclarer, par suite, qu'elle ne s'oppose pas à la création de l'usine.

Lorsque la suppression d'une usine, légalement établie sur un petit cours d'eau, est ordonnée, une indemnité est due à l'usinier comme à tout propriétaire dont l'intérêt public exige que la chose soit sacrifiée. Cette indemnité est réglée par la loi sur l'expropriation pour cause d'utilité publique. L'administration avait cherché à tourner cette règle en introduisant dans les arrêtés d'autorisation d'usines, une clause de non-indemnité pour le cas de suppression temporaire ou définitive. Elle outre-passait ainsi ses droits, car l'autorisation d'une usine n'est que l'exercice du droit de police, et l'administration n'a pas en cette matière un pouvoir discré-tionnaire qui lui permette de mettre à l'autorisation telles conditions qu'il lui plaît. Aussi cette clause de non indemnité a-t-elle été condamnée par le

____

(1) Cass., 10 février 1833 : Cons. d'Et., 13 août 1851.

Conseil d'Etat, à moins que la suppression ne soit la conséquence de travaux publics nécessaires pour la police ou la répartition des eaux (1). Une circulaire ministérielle du 20 avril 1865, a invité les préfets à modifier en ce sens cette clause dans leurs arrêtés.

L'usine peut être établie, soit sur le cours d'eau lui-même, soit sur une dérivation appelée canal d'amenée. Ce dernier cas est le plus fréquent; l'administration autorise rarement l'établissement sur le lit même, pour ne pas gêner l'écoulement des eaux. Le canal d'amenée est à l'usage exclusif de l'usinier; les riverains de ce canal n'ont aucune espèce de droit à l'usage de l'eau. Mais si une usine était établie sur le cours d'eau même, elle ne ferait pas disparaître les droits des riverains.

§ 4. — La faculté d'utiliser l'action fécondante de l'eau au profit de l'agriculture est mentionnée et réglée dans l'art. 644 C. civ. Cette faculté n'est que l'exercice du droit d'usage du propriétaire sur sa chose; elle n'est subordonnée à aucune autorisation administrative, à moins qu'il ne s'agisse d'établir des ouvrages qui modifient l'écoulement des eaux.

Le propriétaire d'une seule rive peut prendre l'eau à son passage, mais il ne peut la détourner que dans une limite qui ne préjudicie pas aux droits des riverains opposés ou inférieurs. Le propriétaire

(1) Cons. d'Et., 30 juin 1860 ; 16 août 1862; 10 septembre 1864 ; 9 janvier 1867, *de Lafferrière* ; 9 décembre 1864, *Aumont-Thiéville* ; 24 février 1865, *Damăy* ; 20 juin 1865, *Foulon*.

des deux rives peut déplacer complètement le cours d'eau, à charge de rendre l'eau à son cours ordinaire au point où il cesse d'être propriétaire des deux rives ; mais il ne pourrait pas faire un changement préjudiciable aux fonds inférieurs, ni leur envoyer des eaux chaudes ou infectes. L'art. 645 C. civ., les lois du 22 décembre 1789 et du 20 août 1790 réservent les questions d'intérêt général.

Le droit de disposer de l'eau pour l'agriculture peut être concédé à des propriétaires non riverains.

Avant la loi du 29 avril 1845 sur la servitude d'aqueduc, la faculté d'irriguer était souvent paralysée par le refus des propriétaires de laisser passer l'eau à travers leurs fonds. D'après l'article premier de cette loi, tout propriétaire, riverain ou non, qui veut arroser ses fonds, peut obtenir le passage de l'eau sur les fonds voisins, moyennant une juste et préalable indemnité. Le droit de passage de l'eau à travers des fonds étrangers constitue la servitude d'aqueduc. Cette servitude ne peut être réclamée que par le propriétaire du fonds à irriguer. Il faut, pour qu'il l'obtienne, qu'il ait le droit de disposer des eaux dont il réclame le passage, soit comme riverain, soit comme concessionnaire de celui qui a le droit d'en disposer. Un riverain peut, en effet, avoir à demander cette servitude pour arroser des propriétés éloignées ; dans ce cas, la prise d'eau doit être établie sur son propre fonds, ou sur le terrain de celui qui y a consenti et lui a cédé son propre droit à l'usage de l'eau. Car ni l'art. 644 C. civ., ni la loi de 1845 ne reconnaissent la faculté de faire une prise d'eau sur le terrain d'un tiers sans son consentement. De plus, pour qu'on puisse obtenir la servitude d'aqueduc, il faut que les eaux soient destinées à l'irrigation ; la jurisprudence admet néanmoins que le passage peut être réclamé pour des eaux servant à la fois à l'irrigation et au roulement d'une usine (1). Les tribunaux, saisis d'une demande de ce genre, doivent examiner si si elle a un caractère sérieux d'utilité publique ; et ils peuvent la rejeter si les inconvénients dépassent les avantages.

Les propriétaires dont les fonds sont traversés par l'aqueduc n'ont, sur l'eau ainsi détournée, aucun des droits attribués aux riverains sur les cours d'eau naturels.

La servitude d'écoulement est le complément de la servitude d'aqueduc ; l'art. 2 de la loi du 29 avril 1845 oblige les propriétaires inférieurs à recevoir les eaux s'écoulant des terrains supérieurs sur lesquels elles ont été amenées pour les besoins de l'irrigation. Déjà l'art. 640 C. civ. oblige, comme la loi romaine, le propriétaire du fonds inférieur à recevoir les eaux s'écoulant naturellement du fonds supérieur. La loi de 1845 s'occupe des eaux dont l'écoulement est artificiel ; car, d'après l'art. 4 de cette loi, les tribunaux règlent le passage des eaux. La servitude d'écoulement donne lieu, au profit du propriétaire inférieur, à une indemnité dans laquelle on doit tenir compte des avantages que l'eau peut procurer à ce fonds. Cette servitude existe de plein droit, à la différence de la servitude d'aqueduc.

(1) Cass., 29 juin 1859, Sir. 59, 1, 766.

L'art. 3 de la loi de 1845 accorde également le droit de conduite à travers les fonds étrangers à celui qui veut faire écouler l'eau d'un terrain submergé.

La servitude d'appui a été concédée par la loi du 11 juillet 1847. Lorsqu'un propriétaire ne peut user de l'eau à laquelle il a droit qu'en l'élevant par un barrage, il obtiendra, moyennant indemnité, la faculté d'appuyer sur la rive opposée les ouvrages d'art nécessaires, alors même que le propriétaire de cette rive refuserait d'y consentir. Le riverain opposé peut, de son côté, exiger la communauté du barrage, en payant la moitié des frais, et alors il n'y a plus lieu à indemnité, aux termes de l'article 2 de la loi de 1847. Cette servitude ne peut être réclamée que pour l'irrigation ; les tribunaux ont un pouvoir discrétionnaire d'appréciation sur l'utilité du barrage.

D'après les articles 1 et 2 de la loi de 1845 et de la loi de 1847, les bâtiments, cours et jardins attenant aux habitations sont affranchis de ces trois servitudes ; les enclos et les parcs sont dispensés de la servitude d'écoulement et de la servitude d'aqueduc, mais non de la servitude d'appui.

Des propriétaires peuvent se réunir et former des sociétés d'arrosants, pour dériver les eaux d'une rivière ou d'un étang ; ils peuvent soit acheter les terrains pour creuser un canal, soit exiger le passage de l'eau en vertu de la loi de 1845. Ces réunions de propriétaires forment, le plus souvent des associations syndicales.

CHAPITRE III

ASSOCIATIONS SYNDICALES

§ 1. — Origine et but des syndicats.
§ 2. — Sociétés d'irrigation.
§ 3. — Syndicats défensifs.
§ 4. — Caractère légal des syndicats autorisés.

§ 1. — La nécessité de se défendre contre les eaux ou le besoin d'en utiliser l'action fécondante intéressent, en général, un certain nombre de personnes. Lorsque ces personnes se réunissent pour pourvoir elles-mêmes à leur intérêt collectif, elles forment une association que l'on appelle syndicale, parce que la direction en est confiée à des commissaires qui représentent la société.

L'origine de ces associations est fort ancienne. Dans l'arrondissement de Dunkerque, une partie du territoire a été assainie et défendue contre les inondations de la mer et l'envahissement des eaux pluviales, sillonnée de canaux servant au desséchement et à l'irrigation par l'administration des Watteringues du Nord qui date de 1169. Les sociétés de la Provence et du Comtat, formées par les propriétaires pour endiguer les rives du Rhône et de la Durance, pour creuser des canaux d'arrosage, remontent au XIIe, XVe et XVIe siècles. Les communautés d'arrosants du Roussillon sont plus anciennes encore : elles se sont fondées sous l'empire de la législation des Wisigoths et des Arabes. Dans le

Poitou, l'Aunis, la Saintonge et d'autres provinces, des syndicats de propriétaires sont préposés à la conservation et à l'entretien des marais desséchés en vertu d'édits d'Henri IV, de 1599 et 1607. Enfin, sur la constatation de l'adhésion de la majorité des intéressés, le conseil du roi et les intendants étaient, en général, investis à cet égard, sous l'ancien régime d'un pouvoir à peu près absolu que les Parlements possédaient également.

Il ne sera ici question que des associations formées dans le but d'utiliser au profit de l'agriculture les eaux des rivières non navigables ni flottables ou d'exécuter des travaux défensifs contre ces cours d'eau.

Il y a deux sortes d'associations : 1° les associations libres, sociétés complétement volontaires, dans lesquelles l'administration n'intervient en rien; 2° les associations autorisées, créées ou approuvées par l'administration, et qui ont, à ce titre, le caractère d'établissements d'utilité publique.

§ 2. — Les associations volontaires pour l'irrigation sont approuvées par le Préfet, d'après le décret du 25 mars 1852, et même, avant ce décret, le Préfet pouvait constituer un syndicat d'arrosage si tous les intéressés étaient d'accord (1).

Non-seulement les associations ainsi constituées, par simple arrêté d'un Préfet, ont été reconnues par la Cour de cassation comme des sociétés civiles,

____

(1) Cons. d'Et., 17 mars 1857, *Magnan.*

mais elles ont encore la faculté de plaider par leurs syndics (1).

Le propriétaire qui ne veut pas être compris dans une association syndicale d'arrosage peut néanmoins être contraint de participer aux charges d'un syndicat ayant pour but d'appliquer un règlement sur l'usage de l'eau, tant pour l'industrie que pour l'agriculture (2).

Les personnes intéressées peuvent aussi se former en associations complétement libres, sans intervention de l'autorité publique ; ces sociétés sont régies par les règles consenties par les intéressés et constatées dans les actes publics ou privés qui définissent le but de l'association, la gestion, le mode d'assiette et de recouvrement des cotisations. Mais ce n'étaient là que des sociétés civiles qui n'étaient pas représentées en justice par leurs gérants avant la loi du 21 juin 1865 (3). Cette loi les a reconnues comme des personnes morales, à condition que la formation de la société ait été entourée d'une certaine publicité. Seulement les associations libres ne sont pas des établissements d'utilité publique, et leurs travaux n'ont pas le caractère de travaux publics qui appartient à ceux des syndicats formés avec la participation de l'administration.

L'unanimité du consentement des intéressés est la condition essentielle de la formation d'une telle

(1) Cass., 21 mai 1851, D. P. 51, 1, 124 ; 3 août 1859, D. P. 59, 1, 365 ; 6 juillet 1864, D. P. 64, 1, 424.

(2) Cons. d'Et. 21 juin 1859, *Villon*.

(3) Cass., 26 mai 1841.

association, d'après l'art. 5 de la loi du 21 juin 1865. Ces sociétés jouissent, comme les particuliers, des facilités accordées pour l'irrigation par les lois du 29 avril 1845 et du 11 juillet 1847. Enfin l'association libre peut être convertie en association autorisée, si l'acte constitutif de la société ne fait aucune réserve, en se conformant aux prescriptions de l'art. 12 de la loi de 1865; et si cet acte contient des stipulations à l'égard de la conversion, ces clauses doivent être observées (art. 8).

§ 3. — Le curage et l'endiguement ont pour but de prévenir l'invasion des eaux. Tout riverain peut se prémunir contre leur action destructive, toutes les fois qu'il ne nuit à personne ou qu'une impérieuse nécessité l'exige; mais il ne doit pas, sans nécessité, rejeter les eaux sur la rive opposée. D'après la loi du 14 floréal an XI sur le curage et celle du 16 septembre 1807 sur l'endiguement, ces deux mesures sont obligatoires pour les riverains, lorsque l'administration en reconnaît la nécessité; avec cette différence que l'endiguement peut être imposé au riverain de toute espèce de cours d'eau, tandis que l'obligation au curage ne concerne que les riverains des cours d'eau ne faisant pas partie du domaine public, d'après l'art. 1 de la loi de l'an XI.

L'exécution des travaux défensifs constitue une obligation commune à tous les propriétaires riverains; c'est à eux qu'en incombe la charge, mais c'est à l'administration qu'il appartient de prescrire ces mesures. Les charges résultant de ces travaux, les taxes imposées pour leur exécution sont supportées par les propriétaires proportionnellement au degré d'intérêt qu'ils ont à leur exécution, d'après l'art. 2 de la loi du 14 floréal an XI, sauf les dérogations résultant d'anciens règlements ou d'usages locaux.

L'opération du curage peut être exécutée de trois manières : par l'action individuelle des intéressés, par l'administration aux frais des intéressés contribuant proportionnellement à leur intérêt, par l'action des intéressés réunis en association syndicale.

Ces associations syndicales étaient constituées, d'après les décrets du 25 mars 1852 et du 13 avril 1861, par arrêté préfectoral, lorsqu'il y avait accord de tous les intéressés, et qu'il ne s'agissait que d'appliquer d'anciens règlements ou des usages locaux; dans les autres cas, il fallait un décret portant règlement d'administration publique. Les intéressés pouvaient, malgré eux, être réunis en associations syndicales forcées.

Depuis la loi du 21 juin 1865, il n'y a plus d'associations forcées. Les propriétaires intéressés à des travaux d'endiguement, de curage, de redressement des cours d'eau non navigables ni flottables peuvent être réunis en association autorisée par arrêté préfectoral, soit sur la demande d'un ou plusieurs d'entre eux, soit sur l'initiative du préfet. Lorsque, après une enquête administrative, la majorité des intéressés, représentant au moins les deux tiers de la superficie des terrains, ou les deux tiers des intéressés représentant plus de la moitié de la superficie ont adhéré au projet d'association, le préfet l'autorise s'il y a lieu.

Au sujet du second paragraphe de l'art. 1er de la loi de 1865, on a soulevé la question de savoir si des travaux d'approfondissement, de redressement et de régularisation des cours d'eau non navigables ni flottables pouvaient faire l'objet d'une association syndicale, suivant la loi du 14 floréal an XI et celle du 16 septembre 1807.

La loi de l'an XI ne parle que du curage et de l'entretien des digues et ouvrages d'art qui y correspondent ; l'art. 33 de la loi de 1807 ne parle également que des digues, dont la construction doit être faite aux frais des intéressés. Lors de la discussion de la loi de 1865, un amendement fut présenté pour demander la suppression des mots redressement, approfondissement et régularisation dans le deuxième paragraphe de l'art. 1er. Mais cet amendement ne fut pas adopté, les travaux ainsi spécifiés ayant été considérés comme des moyens ou des compléments d'un curage efficace. La même question ayant reparu à propos de l'art. 26, le Commissaire du Gouvernement exposa la jurisprudence du Conseil d'Etat du premier Empire, d'après laquelle les lois du 14 floréal an XI et du 16 septembre 1807 autorisent des élargissements, des redressements et des approfondissements. Toutefois, d'après l'art. 2 de la loi de l'an XI, un redressement n'est pas possible sans un décret d'utilité publique. Il en est de même sous l'empire de la loi de 1865 (1).

____

(1) Godoffre, *des Associations syndicales*, n° 99 ; journal du droit administratif, année 1866.

Lorsqu'une association n'exécute pas les travaux pour lesquels elle a été constituée, et que cette inexécution peut avoir des conséquences nuisibles à l'intérêt public, le préfet, après mise en demeure, peut faire procéder d'office à l'exécution des travaux nécessaires ; et ce, alors même qu'il s'agirait d'une association libre (1).

Malgré la suppression des associations forcées, l'administration conserve les pouvoirs que lui confèrent les lois du 14 floréal an XI et du 16 septembre 1807, en matière d'endiguement et de curage. Il n'y a plus, il est vrai, d'associations organisées par décret dans le but d'exécuter des travaux pour lesquels on n'aurait pas trouvé, dans l'assemblée générale des intéressés, soit la majorité en nombre, soit la majorité des intérêts. Dans ce cas les travaux sont faits par l'administration aux frais des intéressés ; les difficultés auxquels peut donner lieu leur exécution sont de la compétence des conseils de préfecture (2); les frais sont répartis proportionnellement à la part d'intérêt de chacun et les rôles de contributions rendus exécutoires par le préfet.

§ 4. — Un syndicat est une institution ayant pour but de satisfaire un intérêt local qui peut être considérable ; la collection d'intérêts privés qu'il représente peut atteindre la hauteur d'un intérêt public.

(1) Rapport de la commission sur la loi du 21 juin 1865 ; art. 25 de cette loi.

(2) Loi du 21 juin 1865, art. 26.

Les syndicats, libres ou autorisés, sont des personnes morales, ayant une individualité propre.

Les syndicats autorisés sont des établissements
d'utilité publique, c'est-à-dire des établissements
présentant un caractère d'utilité générale et publique reconnu dans les conditions déterminées par la
loi ; mais ce ne sont pas des établissements publics,
faisant partie intégrante de l'administration (1). Un
établissement d'utilité publique ne peut être constitué qu'avec l'autorisation du gouvernement; aussi
ce caractère n'appartient-il pas aux associations libres.

Les associations syndicales autorisées, quoique
simples établissements d'utilité publique, ont certaines ressemblances avec les établissements publics; ainsi leur comptabilité est vérifiée et jugée
administrativement, comme celle des receveurs mu-
nicipaux, d'après l'article 16 de la loi du 21 juin
1865 ; le recouvrement des taxes est fait comme en
matière de contributions directes, après que les
rôles ont été rendus exécutoires par le préfet.

Les travaux entrepris par une association libre
sont privés, alors même qu'ils pourvoient à un service public. La législation sur l'expropriation et sur
l'occupation temporaire ne leur est pas applicable.
Mais les travaux faits par une association autorisée,
même par un syndicat d'irrigation, ont le caractère de
travaux publics. Le Conseil d'Etat avait déjà reconnu ce caractère aux travaux entrepris par des sociétés d'arrosage lorsqu'il y avait concours de deux

(1) Ducroc, droit administratif, n° 662 et suiv.

circonstances : 1° importance suffisante du travail ;
2° intervention de l'administration dans la formation
du syndicat (1). L'article 18 de la loi du 21 juin 1865
a permis aux associations autorisées de poursuivre
l'expropriation pour cause d'utilité publique.

(1) Cons. d'Et., 22 août 1858, *Seyte* ; 16 mai 1860, *Deblieu.*

TROISIÈME PARTIE

COMPÉTENCES EN MATIÈRE
DE COURS D'EAU
NON NAVIGABLES NI FLOTTABLES

CHAPITRE Ier

POUVOIR RÉGLEMENTAIRE DE L'ADMINISTRATION

§ 1. — Principe et but de ce pouvoir.
§ 2. — Autorités qui en sont revêtues.
§ 3. — Moyens d'exercice : Règlements d'eau.
§ 4. — Prises d'eau, barrages, usines.
§ 5. — Curage et endiguement.

§ 1. — L'administration, qui n'est que le pouvoir exécutif en action, est chargée de pourvoir aux besoins collectifs que l'initiative des individus ou des collections d'individus ne saurait satisfaire. La loi-instruction des 12-20 août 1790, chapitre VI, charge les administrations départementales de diriger toutes les eaux de leur territoire dans un but d'utilité générale ; cette mission entraîne le droit de prendre les mesures nécessaires ; de là le pouvoir réglementaire de l'administration.

C'est l'intérêt général de la société qui est le fondement de ce pouvoir. L'administration doit assurer le libre cours des eaux, et prendre toutes les mesures concernant l'hygiène et l'utilité publique ; elle a pour cela un droit de surveillance et de répression des abus qui entraîneraient, par exemple, l'impossibilité d'abreuver les bestiaux, le danger d'un fonds vaseux mis à découvert, le chômage des moulins et autres usines. Elle doit veiller aux intérêts collectifs qui s'élèvent à la hauteur d'un intérêt général et empêcher que les mêmes causes ne viennent les compromettre.

Le droit de police de l'administration est indépendant de la propriété des cours d'eau (1).

Mais, si l'autorité administrative peut, dans un but de police et d'utilité générale, faire des règlements sur le régime des cours d'eau non navigables ni flottables, il lui est interdit d'user de ce pouvoir pour statuer sur des réclamations d'un intérêt purement privé ; les décisions qu'elle prendrait à cet effet seraient entachées d'excès de pouvoir et, par suite, annulables par voie contentieuse (2).

§ 2. — Les préfets sont investis d'un pouvoir

______

(1) Déclaration du 25 avril 1792, art. 19 ; arrêté du gouvernement du 29 floréal an VII, bull. des lois 2ᵉ série, nᵒ 2961 ; arrêté du 23 avril 1800 (3 floréal an VIII), bull. des lois 3ᵉ série, nᵒ 149 ; arrêté du 6 nivôse an XI, bull. des lois 3ᵉ série, nᵒ 2227. — Décret du 15 janvier 1809, Sir. 1817, 2, 99. — Cons. d'Et., 15 décembre 1853, *Gilbert* ; 19 mai 1865, *Daire*.

(2) Cons. d'Et., 14 juin 1852 ; 20 juillet 1860, *Hardouin* ; 19 juin 1863, *duc de Conegliano* ; 24 février 1864, *Bouisson* ; 1ᵉʳ février 1866, *Couillaud* ; 18 avril 1866, *de Colmont*.

réglementaire fort étendu en matière de cours d'eau non navigables ni flottables. Les décrets du 25 mars 1852 et du 13 avril 1861 énumèrent leurs attributions en cette matière : autorisations de prises d'eau, établissement d'usines etc.

Le préfet statue sur l'avis et la proposition de l'ingénieur en chef des ponts-et-chaussées. Le service des ponts-et-chaussées est chargé de veiller à ce qu'il ne soit pas fait des cours d'eau un usage nuisible à la généralité des citoyens. Ainsi les ingénieurs instruisent les demandes relatives à l'établissement d'usines hydrauliques, d'étangs, de barrages ou de prises d'eau d'irrigation, à la réglementation d'ouvrages déjà établis sans autorisation. Le service des ponts-et-chaussées est, en outre, spécialement chargé de la police et de la surveillance de la pêche, par le décret du 29 avril 1862, qui a rangé ces matières dans les attributions du ministre des travaux publics.

Au-dessus du préfet se trouve le ministre des travaux publics, dans le département duquel rentrent la police, le curage et l'amélioration des petits cours d'eau, depuis le décret du 8 mai 1861. C'est à ce ministre que sont adressés les recours par voie gracieuse contre les décisions des préfets. Le ministre peut dresser directement des règlements sur les cours d'eau, soit sur l'avis du préfet, soit sur un arrêté préfectoral réformé ou modifié ; il est assisté par le conseil supérieur des ponts-et-chaussées.

Enfin, le chef du gouvernement décide sur les matières les plus importantes, élargissement ou rectification, règlement général et permanent d'un cours d'eau. Quand il s'agit d'actes généraux ou réglementaires, s'il est seulement nécessaire de faire entre l'industrie et l'agriculture une répartition des eaux, les préfets ne peuvent procéder à ces dispositions qu'autant qu'ils se conformeraient à d'anciens règlements ou à des usages locaux ; en l'absence d'ancien règlement ou usage, les mesures constituant un règlement général et permanent ne peuvent être prises que par le chef de l'Etat. L'intervention d'une section ou de l'assemblée générale du Conseil d'Etat n'est prescrite qu'en matière de curage, par la loi du 14 floréal an XI ; mais, dans la pratique, à raison de l'importance des intérêts engagés dans les questions de régime des eaux, on a toujours recours à la forme solennelle et protectrice des règlements d'administration publique (1).

§ 3. — L'autorité administrative exerce ses droits de police et de surveillance sur les cours d'eau non navigables ni flottables, par des mesures de deux sortes. Tantôt elle agit dans un intérêt collectif par voie de disposition générale et réglementaire; tantôt elle se borne, en accordant à un particulier l'autorisation d'établir une usine ou de pratiquer une prise d'eau d'irrigation, à s'assurer que les entreprises du riverain, permissionnées dans un intérêt

____

(1) Avis du Cons. d'Et. du 8 décembre 1859. — Observations présentées par M. de Belbeuf, commissaire du gouvernement dans l'affaire Bardot : Cons. d'Et., 26 août 1867 ; Lebon, 1867, pag. 800, note 1.

privé, ne sont pas de nature à nuire à l'intérêt général.

Les règlements spéciaux, comme les règlements généraux, sont pris en vertu du pouvoir de police qui appartient à l'administration, et ce droit de police n'est pas discutable par la voie contentieuse, sauf les cas d'imcompétence ou d'excès de pouvoir.

Les mesures générales et collectives, désignées proprement sous le nom de règlements d'eau, sont destinées à assurer le meilleur mode de jouissance et la répartition des eaux; ces actes, alors même qu'ils portent atteinte à des droits privés, ne sont pas susceptibles de recours contentieux, parce que l'utilité générale est le principe même du pouvoir de l'administration. Il résulte encore de ce principe que l'on peut demander à l'administration une mesure réglementaire, mais qu'on ne peut la forcer à agir; que les arrêtés règlementaires ont autant d'effet à l'égard de ceux qui ne les ont pas provoqués ou même qui s'y sont opposés, qu'à l'égard de ceux qui les ont obtenus.

Ces arrêtés deviennent la loi des riverains et leurs dispositions se substituent de plein droit à tous les modes de jouissance des eaux antérieurement existant soit en vertu de titres, soit en vertu d'anciennes possessions. Mais les droits ainsi acquis continuent à produire entre les parties les effets qui sont compatibles avec le règlement administratif. (1)

____

(1) Cons. d'Et., 23 août 1836, 9 février 1854. — Cass. 3 août 1863, Sir. 63, 1, 413.

Les infractions à ces règlements constituent des contraventions punies d'une amende de un à cinq francs, aux termes de l'art. 471, 15° C. pén.

Les mesures individuelles, improprement appelées règlements d'eau, sont, en général, relatives à des concessions de prise d'eau, à des autorisations d'usine ou à des modifications à y apporter. Par ces actes, l'administration ne dispose pas de la jouissance des eaux qui ne lui appartiennent pas; elle se borne à régler l'usage d'un droit privé en délivrant au propriétaire intéressé une simple permission de police, une sorte de laisser passer. Voilà pourquoi ces actes portent presque toujours la mention qu'ils sont pris sous la réserve des droits des tiers. Mais cette mention fût-elle absente, il n'en resterait pas moins que ces arrêtés ne peuvent faire obstacle à ce que les propriétaires riverains, auxquels nuiraient de nouvelles autorisations, fassent valoir devant l'autorité judiciaire, seule compétente pour statuer sur les contestations d'intérêt privé, les droits qu'ils pourraient avoir acquis, soit par titre, soit par prescription, à la jouissance exclusive des eaux.

Telle est la doctrine qui résulte de la jurisprudence constante du Conseil d'Etat. La Cour de cassation est arrivée également à admettre les mêmes principes; à savoir: qu'une autorisation administrative ne fait pas obstacle à ce que l'autorité judiciaire connaisse des questions d'intérêt privé relatives à l'usage de l'eau, et que les tribunaux civils peuvent ordonner la destruction d'ouvrages faits en vertu d'une pareille autorisation, s'il est reconnu que ces ouvrages nuisent aux droits des tiers.

Un arrêt du 22 janvier 1868 (D. P. 68, 1, 197) décide que le juge de paix est compétent pour statuer sur une action possessoire à fin de réintégration du demandeur dans la jouissance des eaux d'un cours d'eau non navigable ni flottable même lorsque cette action tend à la destruction des travaux autorisés par l'administration, si l'arrêté d'autorisation a été rendu sur la demande et dans l'intérêt privé du demandeur. Dans l'espèce il s'agissait d'un moulin construit, avec autorisation administrative, sur un ruisseau ; le riverain opposé au concessionnaire, se prétendant troublé dans la jouissance des eaux, avait attaqué en dénonciation de nouvel œuvre.

Un arrêt du 11 mai 1868 (D. P. 1868, 1, 468) proclame d'une façon générale que la juridiction civile est seule compétente pour statuer sur les question d'intérêt privé qui s'agitent devant elle, entre riverains, relativement à l'usage des eaux, d'après les articles 644 et 645 C. civ. ; et que l'on ne saurait prétendre que dans les questions de cette nature, la mission des tribunaux doit se borner à déclarer les droits des parties et à les renvoyer devant l'autorité administrative pour qu'elle en règle l'usage.

L'arrêt, déjà cité, du Conseil d'Etat en date du 19 juin 1863 (de Conegliano) avait refusé à l'administration la faculté d'intervenir dans la solution des questions d'intérêt privé pour lesquels les tribunaux civils seuls sont compétents. Un arrêté de préfet, pris pour faire droit aux réclamations d'usiniers, avait prescrit au propriétaire d'un parc, certaines modifications et certains travaux à exécuter sur un cours d'eau dans son parc. L'arrêté fut annulé, comme entaché d'excès de pouvoir, et il fut décidé que le débat aurait dû être porté devant l'autorité judiciaire. (V. dans le même sens la jurisprudence citée à la fin du § 1 de ce chapitre.)

Quant à la destruction des ouvrages faits en vertu d'une autorisation administrative, la Cour de cassation ne s'est pas, tout d'abord, prononcée aussi nettement que dans l'arrêt rapporté ci-dessus, du 11 mai 1868. Elle a jugé, le 1er août 1855 (D. P. 55, 1, 370), qu'une autorisation, accordée au point de vue des droits de police et de surveillance de l'administration supérieure, ne met pas obstacle à ce que les tribunaux ordonnent la destruction des travaux faits en vertu de cette autorisation, en maintenant un riverain (autre que le concessionnaire) en possession de la partie de la rive où ont été exécutés ces travaux (1).

Un autre arrêt du 18 avril 1866 (D. P. 66, 1, 249), rendu dans une espèce analogue à celle de l'arrêt du 22 janvier 1868, décide que le juge-de-paix est compétent pour statuer sur une demande en réintégration de jouissance des eaux d'un cours d'eau non navigable ni flottable, même lorsque cette demande tend à la destruction de travaux de détournement

---

(1) Dans un arrêt du 26 janvier 1841, la Cour de cassation avait décidé que la compétence des tribunaux n'allait pas jusqu'à ordonner, même en exécution d'un titre, la cessation, la destruction ou la modification de travaux autorisés par l'administration, et qu'ils ne pouvaient être saisis que d'une action en dommages-intérêts.

autorisés par l'administration, si l'arrêté d'autorisation a été rendu dans les termes d'un pur intérêt privé, et en vue d'une simple possession individuelle.

Ces principes sont formulés d'une manière très-positive dans l'arrêt du Conseil d'Etat du 18 novembre 1869 (Roquelaure). Un riverain du Dadou, cours d'eau non navigable ni flottable, avait été autorisé, par arrêté préfectoral, à établir un barrage pour l'irrigation de ses propriétés. Le propriétaire d'un moulin situé en aval assigna le permissionnaire devant le juge de paix, comme troublant sa jouissance, et conclut à ce qu'il fut condamné à démolir le barrage, et à lui payer des dommages-intérêts ; à la suite d'un appel, l'affaire fut portée devant le tribunal civil d'Albi, et le préfet du Tarn éleva le conflit d'attributions. Cet arrêté de conflit fut annulé ; le conseil jugea que ces questions rentraient complètement dans la compétence de l'autorité judiciaire.

Il faut remarquer à propos de cette jurisprudence, que les tribunaux civils n'ont pas le pouvoir d'annuler l'autorisation administrative, ils déclarent seulement qu'un intérêt privé s'oppose à ce que le permissionnaire profite d'une telle autorisation.

Il n'en est pas de même lorsqu'il s'agit de dispositions générales et réglementaires prises par l'administration. Ces dispositions constituent, en quelque sorte, une législation secondaire que les tribunaux doivent appliquer ; aussi toute la jurisprudence que je viens de rapporter a-t-elle soin de constater qu'il s'agit d'autorisations accordées en vertu du droit de police de l'administration, en vue d'un intérêt privé et non de règlements généraux. D'autres arrêts ont reconnu que l'autorité judiciaire ne serait pas compétente pour connaître d'une action tendant à la destruction de travaux exécutés en vertu d'un règlement général (1).

La doctrine a été partagée sur la question de savoir si le juge civil pouvait ordonner la destruction de travaux autorisés par l'administration. M. Garnier croit, comme l'admettait l'arrêt de la Cour de cassation du 26 janvier 1841, que les tribunaux judiciaires doivent se borner à proclamer le droit de la partie à laquelle les travaux causent un préjudice, et à lui accorder des dommages-intérêts, sauf à elle à s'adresser à l'administration pour faire révoquer l'arrêté de concession. Ce système accorde une trop grande importance à l'acte administratif, et admet un expédient qui n'est pas à la portée des juges, si on ne réclame pas de dommages-intérêts. (*Régime des eaux*, t. 1, p. 245.)

M. Proudhon (*Domaine public*, t. IV, p. 460), confondant ainsi les deux sortes de mesures de police prises par l'administration, soutient que, lorsqu'une entreprise est ordonnée ou permise par l'administration, le tribunal judiciaire peut seulement accorder des dommages-intérêts à raison de l'exécution des ouvrages, mais qu'il ne peut ordonner la démolition ou l'interdiction d'ouvrages ordonnés ou permis par l'administration.

(1) Cass., 11 août 1856, D. P. 56, 1, 361 ; 3 août 1863, D. P. 64, 1, 43.

M. Cotelle *(Droit administratif,* t. II, p. 348), distingue les cas dans lesquels l'ouvrage autorisé occasionne un dommage matériel ou un dommage moral. Si la destruction des travaux est demandée en vertu de considérations purement morales, comme l'autorité administrative a dû tenir compte de ces considérations, le juge ne pourrait, sans empiètement sur les attributions de cette autorité, prononcer la destruction; mais il a le droit de réprimer les atteintes commises à la propriété dans l'exécution d'un règlement d'eau auquel l'impétrant a seul intérêt. Cette distinction serait insaisissable dans la pratique.

Les ouvrages plus récents, ceux de MM. Nadault de Buffon *(des Usines,* t. II, p. 547); Dufour (t. IV, n° 504); Ducroc (n° 295), admettent que l'autorisation administrative n'empêche pas les tribunaux civils de connaître d'une action tendant à la destruction d'ouvrages autorisés.

§ 4. — D'après l'article 4 de la loi du 23 pluviôse an XII, l'administration est chargée de répartir les eaux entre les divers intéressés de la manière la plus convenable. Les propriétaires riverains ne peuvent établir aucun ouvrage destiné à opérer une retenue ou une dérivation sans une autorisation administrative. Les travaux faits sans cette autorisation n'ont aucune existence légale vis-à-vis de l'administration qui reste toujours libre d'en ordonner la suppression sans indemnité (1). Mais l'exécu-

______

(1) Cons. d'Et., 23 août 1836;—20 mai 1843;—15 mars 1844.

tion de travaux faits sans autorisation ne constitue
une contravention qu'autant qu'elle a eu lieu au
mépris d'un règlement interdisant toute construction non autorisée.

En autorisant un barrage, le préfet impose ordi-
nairement la condition qu'il sera établi un déversoir de superficie et des vannes de décharge pour
assurer l'écoulement des eaux en cas de crue. Le
Conseil d'Etat a toujours décidé que la question de
savoir si les précautions ordonnées et les dépenses
qu'elles entraînent sont inutiles ou excessives, n'est
pas de nature à être discutée par la voie contentieuse (1).

Les demandes en autorisation d'usines sont soumises à des enquêtes qui ont pour but de provo-
quer les oppositions (2). Toute opposition fondée
sur un avantage personnel dont la nouvelle usine
entraînerait la suppression ou la diminution, doit
être rejetée ; l'administration étant chargée de
faire respecter les droits des tiers et de protéger les
intérêts généraux, mais non les intérêts particuliers. L'opposant doit prouver que l'établissement
projeté nuit à ses droits et non pas seulement qu'il
diminue ses avantages. Mais l'autorisation accordée
n'empêcherait pas la partie intéressée de s'adresser
aux tribunaux ordinaires pour faire ordonner la
suppression d'une usine établie contrairement à un
contrat légalement formé.

(1) Cons. d'Et., 2 mai 1866, *Joret* ; 22 février 1867, *Laforgue.*

(2) Instruction du directeur-général des ponts-et-chaussées, du
16 novembre 1834.

Le particulier qui souffre de l'inaccomplissement des conditions imposées à un usinier peut se plaindre auprès de l'administration et solliciter son intervention pour qu'elle ordonne la suspension des travaux ; mais sa protection la plus efficace réside dans le droit de saisir le tribunal civil (1).

§ 5. — Le curage, obligation commune à tous les riverains qui doivent en supporter la charge, est prescrit par l'administration supérieure. Les maires ne peuvent jamais ordonner cette mesure. Les préfets peuvent, d'après la loi des 12-20 août 1790 et l'art. 1 de la loi du 14 floréal an XI, pourvoir annuellement au curage des cours d'eau non navigables ni flottables, en l'absence d'anciens règlements ou usages locaux ; ils peuvent prendre des dispositions générales pour l'application des anciens règlements, et faire des règlements pour l'exécution des usages locaux, d'après les décrets du 25 mars 1852 et du 13 avril 1861, tableau D 6°. Mais, en l'absence de tout ancien usage ou règlement, les dispositions constituant un règlement permanent ne peuvent être prises, aux termes de l'art. 2 de la loi du 14 floréal an XI, que par le chef du gouvernement, dans les formes des règlements d'administration publique (2).

Les arrêtés ordonnant le curage ne peuvent prescrire l'élargissement ou la rectification d'un cours

____

(1) Cons. d'Et., 9 novembre 1832, *Suchelet* ; 1er août 1834, *Gosne Mazure.*

(2) Cons. d'Et., 12 avril 1866, *Corbière.*

d'eau sans recourir, à défaut de cession amiable, aux formalités de la loi du 3 mai 1841 sur l'expropriation pour cause d'utilité publique (1). Mais le préfet et le ministre sont seuls compétents pour décider s'il y a eu simplement curage à vieux fonds et à vieux bords, ou si les propriétés riveraines ont été entamées, sauf recours par voie contentieuse au Conseil d'Etat (2).

Le curage ne peut être ordonné par l'administration qu'autant qu'il s'agit de cours d'eau naturels et permanents, d'après la loi du 14 floréal an XI, à l'exclusion des fossés creusés de main d'homme (3). Cependant le Conseil d'Etat a décidé que la loi de l'an XI pouvait être appliquée à un ruisseau qui, bien qu'à sec une partie de l'année, avait une certaine importance par la longueur de son parcours, son débit en temps de crue et l'étendue de son bassin (4).

L'endiguement des cours d'eau est obligatoire pour les riverains lorsque le gouvernement en a reconnu la nécessité. La loi du 16 septembre 1807 donnait à l'administration le pouvoir de constituer les intéressés, même malgré leur refus unanime, en

(1) Cons. d'Et., 31 janvier 1853 ; 2 décembre 1858 ; 22 décembre 1859 ; 16 août 1862, *Laforgue* ; 9 février 1865, *d'Andigné de Restaud* ; 1er mars 1866, *Berger*.

(2) Cons. d'Et., 30 mars, 14 avril 1853, 16 février 1854, 8 avril 1858.

(3) Cons. d'Et., 28 décembre 1858, *d'Andlau* ; 19 février 1863, *Hubert* ; 8 février 1864, *Martinet*.

(4) Cons. d'Et., 9 décembre 1864, *Bourbon*.

association syndicale forcée par décret rendu dans la forme des règlements d'administration publique. Depuis la loi du 21 juin 1865, il n'y a plus d'associations forcées; mais, en vertu de l'art. 26 de cette loi, l'administration conserve le pouvoir coercitif que lui ont donné les lois du 16 septembre 1807 et du 14 floréal an XI. A défaut du consentement des intéressés, des syndics sont nommés par les préfets, en vertu de règlements d'administration publique intervenus, pour représenter l'intérêt collectif des propriétaires qui auront à payer les taxes. La loi du 28 mai 1858, relative à l'exécution des travaux destinés à mettre les villes à l'abri des inondations, suivie du règlement du 15 août 1858, autorise l'administration à ordonner, par décrets préparés en Conseil d'Etat, des travaux de construction, d'entretien ou de réparation dont le paiement est imposé, par voie de répartition entre l'Etat, les départements, les communes et les propriétaires dans la proportion de leur intérêt respectif.

CHAPITRE II

CONTENTIEUX ADMINISTRATIF

§ 1. — Nature de la compétence des tribunaux administratifs en matière de cours d'eau non navigables ni flottables.

§ 2. — Recouvrement des taxes pour frais d'entretien des cours d'eau.

§ 3. — Construction et réparation des travaux d'entretien.

§ 4. — Indemnités résultant de la loi sur la pêche.

§ 1. — D'après l'art. 645 C. civ., les contestations entre les propriétaires, relativement à l'usage
des eaux courantes qui ne font pas partie du domaine public, sont portées devant les tribunaux civils. Cette disposition exclut la juridiction administrative, par cela seule qu'elle ne la mentionne pas.
Le gouvernement, en effet, a reconnu à diverses reprises que cette juridiction ne devait pas être étendue aux cours d'eau non navigables ni flottables.
Ainsi le Conseil d'Etat, par un avis du 28 ventôse
an XII, se prononça contre un projet de loi présenté
par le ministre de l'intérieur qui tendait à renvoyer
devant les conseils de préfecture la répression des
délits commis sur les petites rivières (1).

Cependant, bien que la loi du 28 pluviôse an VIII,
qui a institué les conseils de préfecture, ne leur
donne aucune compétence sur les cours d'eau non
navigables ni flottables, des lois postérieures les

____

(1) Dans le même sens, arrêt du 19 mars 1840, *Jouannet et
consorts.*

ont investis de certaines attributions relativement à ces cours d'eau. Mais cette compétence exceptionnelle ne peut être invoquée que dans les cas déterminés par ces dispositions particulières, et ne doit pas être étendue au-delà.

§ 2. — L'art. 4 de la loi du 14 floréal an XI donne juridiction au conseil de préfecture pour toutes les contestations relatives au recouvrement des rôles de répartition des sommes nécessaires au paiement des travaux d'entretien, réparation ou reconstruction exécutées sur les cours d'eau non navigables. L'art. 15 de la loi du 21 juin 1865 sur les associations syndicales, imitant sur ce point la loi de l'an XI, assimile les rôles des taxes syndicales à ceux des contributions directes.

Les conseils de préfecture doivent se borner à assurer le recouvrement des rôles arrêtés, soit en appliquant les anciens règlements que la loi de l'an XI maintient en vigueur, soit en faisant exécuter les décisions du préfet. Ils statuent sur les contestations relatives au paiement des dépenses occasionnées par le curage des rivières et canaux, par la réparation des digues et des autres ouvrages ; sur l'abaissement et la réparation des gués nécessités par les opérations du curage ; les contestations sur ce dernier point sont jugées dans les mêmes formes et d'après les mêmes lois que les difficultés sur le curage même (1). Mais leur juridiction est circonscrite aux contestations relatives

____

(1) Cons. d'Et., 23 juin 1824.

au recouvrement des rôles et aux réclamations des individus imposés.

De plus, l'art. 16 de la loi du 21 juin 1865 a décidé que les contestations relatives à la fixation du périmètre des terrains compris dans une association syndicale, à la distinction des terrains en différentes zônes, au classement des propriétés en raison de leur intérêt aux travaux, à la répartition et à la perception des taxes, à l'exécution des travaux seraient jugées par le conseil de préfecture. Ces contestations étaient jugées, d'après la loi du 16 septembre 1807, par une commission spéciale établie, pour chaque entreprise, par décret du gouvernement, lorsqu'il s'agissait de desséchement et d'endiguement ; tandis que, en matière de curage, les contestations de même nature étaient jugées par les conseils de préfecture. La loi de 1865 a fait cesser cette anomalie, en attribuant au conseil de préfecture la connaissance de toutes les questions de ce genre, à quelque nature de travaux qu'elles s'appliquent.

§ 3. — D'après l'art. 4 de la loi du 14 floréal an XI, les conseils de préfecture doivent encore connaître des contestations relatives à la confection des travaux de curage ; et l'art. 16, déjà cité, de la loi de 1865 étend cette attribution aux travaux entrepris par des associations syndicales autorisées, qui sont assimilés aux travaux publics. Ainsi les conseils de préfecture statuent sur l'action en indemnité formée par le propriétaire d'un moulin pour dommages causés à sa propriété par des travaux de curage (1).

(1) Cons. d'Et., 14 avril 1839, *Boisredon.*

Mais ils ne pourraient pas faire un nouveau règlement d'eau, même pour appliquer un ancien règlement ; ce pouvoir n'appartient qu'à l'administration active, de même que le droit d'ordonner le curage (1). Ils ne peuvent pas davantage prononcer sur les contestations entre particuliers qui excipent d'une vente nationale ; ils ne pourraient qu'interpréter la vente d'après les actes qui l'ont préparée et consommée (2).

§ 4. — L'art. 3 de la loi du 31 mai 1865 sur la pêche fluviale attribue aux conseils de préfecture le droit de prononcer sur les indemnités auxquelles donne lieu, pour les riverains, l'interdiction de la pêche, ordonnée en vertu des art. 1 et 2 de cette même loi, en vue du repeuplement des rivières. Il en est de même pour les indemnités auxquelles donne lieu l'établissement des échelles à poisson dans les barrages.

Ces indemnités sont réglées d'après les dispositions de la loi du 16 septembre 1807. Une expertise est nécessaire : un expert est désigné par le réclamant, un autre par le préfet ; ils doivent, à peine de nullité, prêter serment (3) ; en cas de désaccord une tierce expertise est faite par l'ingénieur en chef du département, tiers-expert de droit.

(1) Cons. d'Et., 2 février 1825, *Raguet* ; 16 février 1846.
(2) Cons. d'Et., 18 février 1824, *Cayla*.
(3) Cons. d'Et., 21 juin 1866.

CHAPITRE III

COMPÉTENCE DES TRIBUNAUX JUDICIAIRES

§ 1. — Toutes les contestations entre particuliers relativement à la propriété ou à l'usage des cours d'eau non navigables ni flottables sont de la compétence des tribunaux judiciaires, pourvu qu'elles soient étrangères à l'ordre public. Les tribunaux sont chargés de la protection des intérêts particuliers, comme l'administration est préposée à la conservation de l'intérêt général. Il résulte de la mission de chacun de ces pouvoirs des différences fondamentales dans leur action respective. L'administration, agissant dans l'intérêt général, ne perd jamais ses droits par prescription; ses règlements sont obligatoires pour tous; son action est spontanée; elle est libre de faire ou de ne pas faire ce qu'on lui demande ou ce qu'on lui propose, ses actes sont au-dessus de tout recours contentieux, sauf le cas d'incompétence ou d'excès de pouvoir. L'action judiciaire, au contraire, est prescriptible; elle est privée, intentée par certaines personnes contre d'autres personnes; elle n'oblige que les parties en cause; elle ne peut avoir lieu d'office;

mais, lorsqu'un tribunal est compétemment saisi d'une demande, il ne peut pas refuser de dire droit entre les parties.

Les jugements n'existent pas à l'égard de l'administration qui n'est ni ne peut y être partie : ses règlements peuvent déroger aux jugements, aux statuts établis par des magistrats entre des particuliers, de même qu'aux conventions intervenues entre ces derniers. D'autre part, les tribunaux doivent appliquer les règlements administratifs, sans pouvoir en annuler ou en modifier les dispositions, aux termes de l'article 13 de la loi du 24 août 1790 et de la loi du 16 fructidor an III, prohibition réitérée par l'article 645 Code civil. Mais les tribunaux peuvent, en certains cas, empêcher une autorisation administrative, qui n'est pas un règlement général, de produire son effet (v. ci-dess., chap. 1, § 3).

§ 2. — D'après l'art. 645 C. civ., quelle que soit la cause d'un débat entre les propriétaires qui ont droit à une eau non navigable ni flottable, tous les procès sont dévolus aux juges civils, en tant qu'il ne s'agit que de l'existence, de l'étendue ou du mode d'exercice des droits des parties, toute question de police et d'intérêt général étant laissée de côté. Ainsi les contestations auxquelles donne lieu le règlement d'eau d'un moulin, fait par le préfet, lorsque ce règlement soulève des questions de propriété, sont de la compétence judiciaire (1).

Les questions de propriété ou de possession d'un

______

(1) Cons. d'Et., 2 juillet 1812, *Lenoble*.

cours d'eau non navigable ne concernent que les tribunaux civils. Il en est ainsi, même dans le cas où la contestation s'élèverait, entre deux acquéreurs de domaines nationaux, au sujet de la jouissance d'un cours d'eau à laquelle chacun prétendrait avoir droit; pourvu toutefois qu'il ne s'agisse pas d'interpréter ou de restreindre les actes de vente de biens nationaux, car alors la question serait de la compétence administrative (1). La question de savoir si une personne, qui réclame contre l'autorisation donnée à l'établissement d'une usine, est propriétaire du cours d'eau sur lequel elle est établie, doit être décidée par les tribunaux (2). Seuls, encore, les tribunaux peuvent connaître de la contestation élevée entre une association d'arrosants et le propriétaire qui prétend n'en pas faire partie, lorsque la solution de cette question dépend de l'examen du contrat de société et de faits qui n'intéressent pas l'ordre public (3).

Les contestations auxquelles peuvent donner lieu l'établissement et l'exercice des servitudes relatives à l'irrigation sont du ressort des tribunaux qui doivent, en statuant sur ces difficultés, concilier l'intérêt de l'agriculture avec le respect dû à la propriété. La procédure est sommaire; s'il y a lieu à expertise, il ne peut être nommé qu'un seul expert. Mais ces dispositions, prescrites par l'art. 4 de la

(1) Paris, 15 janvier 1808. — Cons. d'Et., 24 mars 1806, *Mauduit-Larive*.

(2) Cons. d'Et., 27 janvier 1825, *Labbey de Larroque*.

(3) Cons. d'Et., 6 février 1822, *Loubier c. Pascalis*.

loi du 29 avril 1845 et l'art. 3 de la loi du 11 juillet 1847, ne s'appliquent qu'aux contestations relatives à l'établissement de la servitude, c'est-à-dire à l'emplacement et à la construction des ouvrages, et non au droit de prise d'eau. Il n'est pas dérogé par les lois sur l'irrigation aux dispositions qui règlent la police des eaux.

§ 3. — Lorsqu'il ne s'agit pas de régler par des motifs d'ordre public ou d'intérêt général le partage ou le mode de jouissance des eaux, mais de prononcer sur le droit illimité qu'un particulier prétend avoir d'user d'une eau courante, droit contesté par d'autres riverains ou usiniers, le tribunal civil est seul compétent. Ainsi la fixation de la quantité d'eau nécessaire à prendre, celle des époques, si les parties ne peuvent la régler amiablement ; le règlement qu'il y a lieu de dresser en matière de prise d'eau dans un intérêt purement privé, à défaut de règlement administratif, les contestations sur le mode d'usage, l'interprétation d'un acte passé entre particuliers et qui règle le partage des eaux d'une rivière, sont de la compétence des tribunaux ordinaires. (1)

Le tribunal saisi d'une contestation entre deux riverains au sujet de la répartition des eaux n'a pas à se préoccuper des intérêts et des droits des riverains qui ne figurent pas dans l'instance ; il n'a qu'à déterminer le volume d'eau revenant à chacun et à le répartir équitablement entre les parties en cause ;

(1) Cons. d'Et., 30 avril 1814, *Potoine* c. *Malfait* ; 15 novembre 1819, *Grenier* c. *Pansy* ; 28 novembre 1809, *Gipoulon*.

sauf à ordonner la mise en cause de tous les intéressés, s'il le juge nécessaire (1).

Les tribunaux doivent dans la répartition des eaux
s'attacher à concilier l'intérêt de l'agriculture avec
le respect dû à la propriété, suivant l'art. 645 C. civ.
Ils ont en cette matière un pouvoir discrétionnaire,
car, de sa nature, l'eau courante ne se partage pas
d'une façon nette et bien limitée.

Lorsqu'il existe des règlements particuliers et locaux, les tribunaux sont obligés de les suivre tant
qu'ils n'ont pas été réformés par l'autorité compétente. Le riverain qui détourne ou modifie le cours
de l'eau contrairement à un règlement sera condamné à rétablir les lieux ; toute pratique contraire
à un règlement doit être réprimée par la justice.
L'art. 645 comprend non-seulement les anciens règlements, mais encore les actes émanés de l'autorité administrative et s'appliquant soit à toute l'é-
tendue d'un cours d'eau, soit à une partie de son
parcours.

Le pouvoir des tribunaux est encore limité par les
conventions ou les décisions judiciaires intervenues
entre tous les intéressés au sujet du mode de jouissance et de la répartition des eaux. Ils doivent aussi
respecter les droits acquis à l'usage des eaux par
titre, par prescription, par l'effet d'une concession.

Dans les cas où les tribunaux sont compétents
pour statuer sur une demande en répartition des

______

(1) Aubry et Rau, édit. 1869, t. III, p. 57. — Cass., 18 déc.
1865, Sir. 66, 1, 553.

eaux, ils peuvent ordonner l'établissement des ouvrages nécessaires pour assurer à chaque riverain
la portion d'eau qui lui est attribuée.

§ 4. — Les contestations entre riverains et usiniers, ou entre riverains ou usiniers et des tiers,
à l'occasion d'entreprises sur les cours d'eau, ainsi
que sur l'application, l'étendue et l'interprétation
des conventions particulières qui existent entre eux
sont de la compétence des tribunaux civils ; pourvu
que ces entreprises ou conventions ne se rattachent
qu'à l'intérêt privé des contractants (1).

Par suite, les tribunaux jugent les difficultés
concernant l'exécution d'une transaction intervenue
entre des particuliers au sujet de la hauteur des
eaux destinées à desservir leurs usines ; lorsque,
d'ailleurs, les parties ne contestent pas la hauteur
des eaux sur laquelle il n'appartient qu'à l'autorité
administrative de statuer dans l'intérêt public (2).
La faculté de fixer la hauteur à laquelle doivent être
tenues les eaux des usines n'a été attribuée à l'administration par la loi du 28 septembre 1791, article
16, qu'en vue de l'utilité publique ; elle ne restreint
nullement la compétence des tribunaux dans une
question qui ne porterait que sur des droits et des
dommages privés, sans engager aucune question de
police des eaux. Ainsi, lorsqu'un usinier demande
la destruction d'un barrage construit par un rive-

______

(1) Loi du 28 septembre 1791, tit. ii, art. 16, combiné avec l'art.
645 c. civ.

(2) Cass. 19 frimaire an VIII, Dall. Rép., v° Eaux, n° 563.

rain inférieur comme faisant refluer les eaux d'une manière préjudiciable au mouvement de son usine, le tribunal, saisi de la demande, ne peut pas refuser de statuer en renvoyant au préalable les parties devant l'autorité administrative pour faire fixer la hauteur de retenue des eaux (1).

Il suffit qu'il s'agisse d'un préjudice causé à un intérêt privé, pour que le tribunal soit compétent pour en ordonner la réparation. Il peut prescrire la destruction d'ouvrages, même exécutés, en vertu d'une autorisation administrative, si ces ouvrages préjudicient aux autres riverains. Mais il n'en serait pas de même s'il s'agissait d'ouvrages prescrits par l'administration; par exemple, si des constructions avaient été faites en vertu d'un règlement général sur un cours d'eau, le tribunal ne pourrait pas en prononcer la démolition ou la suspension.

Les juges de paix connaissent des entreprises sur les cours d'eau, accomplies dans l'année, suivant l'art. 10 2°, tit. 3 de la loi des 16-24 août 1790, reproduit par l'art. 3 2°, C. proc. civ., et l'art. 6 de la loi du 25 mai 1838 sur la compétence des juges-de-paix. L'usage des eaux est protégé par des actions possessoires, comme en droit romain, il était l'objet d'interdits. Il y a lieu à l'action possessoire, non-seulement lorsqu'une entreprise faite par un riverain prive un autre de l'usage des eaux dont il jouissait auparavant, mais encore lorsque les travaux exécutés sur un des bords sont de nature à rejeter les eaux sur la rive opposée, de manière à

____

(1) Aubry et Rau, édit. 1869, t. iii, p. 56.

la dégrader. L'action possessoire n'a pour but que le maintien de la jouissance et les dommages qui peuvent résulter du trouble, sans préjudice du droit de propriété. Elle est admise toutes les fois qu'un riverain est troublé par un autre dans un usage légalement acquis. Dans de tels débats, les riverains peuvent demander un règlement les uns à l'égard des autres ; mais la question possessoire doit être vidée avant tout.

§ 5. — L'autorité judiciaire est chargée d'assurer l'observation des règlements administratifs en matière de cours d'eau. Toute infraction à ces règlements constitue une contravention de la compétence des juges de simple police qui ont à faire application de l'art. 471 15° C. pén.

Les poursuites pour délit de pêche, et les actions en réparation de ces délits sont portés devant les tribunaux correctionnels, aux termes de l'art. 48 de la loi du 15 avril 1829.

Les tribunaux correctionnels sont encore saisis des poursuites à raison du délit prévu par l'art. 457 C. pén., c'est-à-dire les inondations causées par la retenue des eaux d'une usine au-dessus de la hauteur fixée par l'administration. De même, dans le cas du délit par l'art. 15 de la loi du 28 septembre 1791, titre 2, ainsi conçu : Personne ne pourra inonder l'héritage de son voisin ni lui transmettre volontairement les eaux d'une manière nuisible sous peine de payer le dommage et une amende qui ne pourra excéder la somme du dédommagement. Si la cause de l'inondation provient d'une infraction

aux conditions imposées par l'autorité administrative, l'usinier qui a inondé les héritages voisins est
passible des peines portées par l'art. 457 C. pén.;
si le dommage provient d'une contravention à la
police des cours d'eau, c'est la loi de 1791 qui doit
être appliquée (1). Cette dernière disposition s'applique encore à toute transmission nuisible des eaux
faite volontairement, alors même qu'elle ne provient
pas de la trop grande élévation du déversoir; par
exemple, le fait, par un propriétaire d'usine, de
rendre les eaux sales et boueuses à la sortie de son
patouillet, de manière à empêcher les voisins de
laver et d'abreuver les bestiaux (2).

Le fait de détruire volontairement ou de renverser
par quelque moyen que ce soit, les ponts, digues,
chaussées ou autres constructions que l'on sait appartenir à autrui, constitue un crime puni de la
réclusion et d'une amende, et même de la mort ou
des travaux forcés à temps, s'il y a eu homicide ou
blessures, aux termes de l'art. 437 C. pén.

(1) Cass. 5 décembre 1844, D. P. 45, 1, 67.
(2) Cass. 17 juillet 1841, D. Rep. v° Eaux. n° 573, p. 493,
note 1.

QUESTIONS CONTROVERSÉES

Droit romain.

1. Il y avait dans l'empire romain, même à l'époque de Justinien, des cours d'eau importants appartenant à des particuliers.

2. D'après le droit classique, la servitude d'aqueduc pouvait être usucapée par une personne qui, en ayant été titulaire, l'aurait laissée s'éteindre par le non usage.

3. Le lit d'un fleuve public est public en propriété comme en usage.

4. Les servitudes prédiales, au point de vue du droit civil, n'admettent pas de modalités.

Ancien droit français.

1. Les fiefs sont des bénéfices ecclésiastiques transformés.

2. Le droit coutumier provient du droit germanique modifié par le droit romain.

3. Les petites rivières appartenaient aux seigneurs justiciers.

Droit civil.

1. Les cours d'eau non navigables ni flottables sont la propriété des riverains.

2. Il n'y a pas lieu de distinguer les cours d'eau non navigables ni flottables en deux classes : rivières et ruisseaux.

3. Le jugement qui déclare un individu non propriétaire d'un immeuble ne peut pas être opposé aux créanciers hypothécaires inscrits sur cet immeuble avant l'introduction de l'instance.

4. La prise d'eau opérée sur un ruisseau par un riverain supérieur peut donner lieu contre lui à une action possessoire de la part d'un riverain inférieur, employant les eaux à l'arrosage ou à des usages domestiques, s'il est constaté en fait qu'elle constitue un trouble caractérisé à la jouissance de ce dernier.

Procédure civile.

1. Un désistement signifié par exploit d'huissier doit être signé de la partie.

2. La signification d'un jugement à la partie ou à son domicile fait courir le délai d'appel, sans qu'il y ait besoin d'une signification préalable à avoué.

Droit criminel.

1. Le duel constitue un délit spécial qui n'est pas prévu ni puni par les dispositions du Code pénal.

2. Le préfet de police à Paris et les préfets dans les départements peuvent décerner des mandats d'amener, en vertu de l'art. 10 Instr. crim., même en dehors des cas d'urgence, et sans qu'il y ait flagrant délit.

Droit commercial.

1. Un commerçant qui se prétend créancier à titre civil d'un non-commerçant ne peut demander qu'on lui défère le serment en se fondant sur ses registres.

2. De ce que les commerçants ne sont tenus de conserver leurs livres que pendant dix ans, il ne s'ensuit pas que toute action pour fait de commerce soit éteinte contre eux après cette période.

Droit administratif.

1. Les associations syndicales autorisées ne peuvent contracter des emprunts sans une autorisation administrative.

2. Les huissiers qui notifient un ajournement à des associations syndicales autorisées ne sont pas tenus d'exiger, à peine de nullité, le visa prescrit par les art. 69 et 1039 C. proc. civ.

3. Le prix de la vente de biens des sections de commune doit être employé exclusivement au profit des sections propriétaires.

Vu par le Président de la thèse,

H. ROZY.

Vu par le doyen,

DUFOUR.

Vu et permis d'imprimer,

Pour le recteur empêché :

L'Inspecteur d'Académie délégué,

VIDAL-LABLACHE.

« Les visa exigés par les règlements sont une garantie des
» principes et des opinions relatifs à la religion, à l'ordre public
» et aux bonnes mœurs (Statut du 9 avril 1825, article 41), mais
» non des opinions purement juridiques, dont la responsabilité
» est laissée aux candidats.

» Le candidat répondra, en outre, aux questions qui lui seront
» faites sur les autres matières de l'enseignement. »

TABLE DES MATIÈRES

DROIT FRANÇAIS

RÉGIME LÉGAL DES COURS D'EAU NON NAVIGABLES NI FLOTTABLES.

PREMIÈRE PARTIE

PROPRIÉTÉ DES COURS D'EAU NON NAVIGABLES NI FLOTTABLES.

Chapitre I. — *Nature et division des cours d'eau.*

CHAPITRE II. — *Propriété des cours d'eau non navigables ni flottables d'après l'ancien droit français.*

CHAPITRE III. — *Propriété des cours d'eau non navigables ni flottables d'après le code civil.*

DEUXIÈME PARTIE

DROITS D'USAGE SUR LES COURS D'EAU NON NAVIGABLES
NI FLOTTABLES.

CHAPITRE I. — *Personnes à qui compète l'usage des cours d'eau.*

CHAPITRE II. — *Droits divers sur les cours d'eau non navigables ni flottables.*

CHAPITRE III. — *Associations syndicales.*

TROISIÈME PARTIE

COMPÉTENCES EN MATIÈRE DE COURS D'EAU NON NAVIGABLES
NI FLOTTABLES.

CHAPITRE. I. — *Pouvoir règlementaire de l'administration.*

CHAPITRE II. — *Contentieux administratif.*

CHAPITRE III. — *Compétence des tribunaux judiciaires*

COURS
D'EXPLOITATION DES MINES

LIVRE IV

TRANSPORTS SOUTERRAINS. — EXTRACTION

PROFESSEUR : M. L.-E. GRUNER
Ingénieur civil des Mines.

PARIS
ÉCOLE SPÉCIALE DES TRAVAUX PUBLICS
Rue Du Sommerard, Rue Thénard et Boulevard Saint-Germain
PROPRIÉTÉ DU DIRECTEUR DE L'ÉCOLE
1922

COURS ET INSTRUCTIONS remis aux Auditeurs et Correspondants.

Plus de 300 volumes constituant, par spécialité, une bibliothèque extrêmement importante

I. — Français, Rédaction, Anglais, Allemand, Calligraphie, Sténographie, Comptabilité, Géographie.

Cours de Langue française :
I. Orthographe et Syntaxe; II. Rédaction.
Cours de Langue anglaise.
— — allemande.
Vocabulaire technique (français-allemand).
Cours de Calligraphie.
Cours de Sténographie appliquée.
Cours de Rédaction des rapports.
Cours de Comptabilité commerciale appliquée aux entreprises.
Cours de Géographie de la France, *avec atlas.*
Cours de Géographie des colonies franç., *avec atlas.*

II. — Mathématiques élémentaires.

Cours d'Arithmétique élémentaire.
Cours d'Arithmétique.
Notions de Géométrie pratique.
Notions de Géométrie élémentaire.
Cours de Géométrie (M. Daniès).
Cours de Géométrie (M. Vasnier).
1re *Partie.* Géométrie plane. — 2e *Partie.* Géométrie dans l'espace. — 3e *Partie.* Courbes et surfaces usuelles.
Notions d'Algèbre et de Calcul trigonométrique.
Cours d'Algèbre.
Cours de Trigonométrie.
Notions de Géométrie descriptive.
Cours de Géométrie descriptive.
Cours de Perspective.
Notions de Stéréotomie.
Notions élémentaires de Mécanique.
Cours de Mécanique : 1re *Partie.* Statique. — 2e *Partie.* Cinématique et dynamique.

III. — Mathématiques supérieures.

Notions sommaires sur les Fonctions et les Dérivées.
Compléments d'Algèbre.
Cours d'Analyse.
Cours supérieur d'Algèbre et Analyse :
Livre I. Algèbre (compléments) et calcul différentiel. — *Livre II.* Calcul intégral.
Cours de Géométrie analytique.
Cours supérieur de Géométrie analytique :
Livre I. Géométrie plane. — *Livre II.* Géométrie dans l'espace.
Cours supérieur de Géométrie descriptive :
Livre I. Géométrie descriptive. — *Livre II.* Perspective. — *Livre III.* Stéréotomie.
Compléments de Mécanique :
1re *Partie.* Statique. — 2e *Partie.* Cinématique et dynamique.
Cours de Mécanique générale et notions de Mécanique appliquée :
Livre I. Cinématique. — *Livre II.* Dynamique et statique.
Cours de Calcul graphique et nomographie.
Introduction mathématique aux sciences techniques de l'Ingénieur.

IV. — Sciences physiques.

Cours élémentaire de Physique.
Cours supérieur de Physique.
Livre I. Pesanteur. Hydrostatique. Chaleur. — *Livre II.* Chaleur, acoustique et optique. — *Livre III.* Magnétisme et Électricité.
Notions de Chimie.
Cours supérieur de Chimie :
Livre I. Métalloïdes. — *Livre II.* Métaux. — *Livre III.* Chimie organique.
Cours d'Analyse chimique :
Livre I. Méthodes générales d'analyse quantitative. — *Livre II.* Chimie analytique générale.
Cours de Chimie appliquée aux travaux publics.
Cours de Chimie analytique appliquée à la métallurgie.

V. — Géologie, Minéralogie.

Notions de Géologie pratique.
— — avec collection.

Cours de Géologie et de Minéralogie appliquées :
Livre I. Généralités. — *Livre II.* Les Minéraux et les Roches. — *Livre III.* Paléontologie. — *Livre IV.* Stratigraphie. — *Livre V.* Les Gîtes minéraux et métallifères. — *Livre VI.* Paléogéographie et Tectonique. — *Livre VII.* Hydrologie.

VI. — Résistance des matériaux et Stabilité des constructions.

Cours élémentaire de Résistance des matériaux et de stabilité des constructions.
La Composition de Mécanique appliquée.
Notions de Résistance des matériaux appliquée aux machines.
Cours de Statique graphique.
Cours de Résistance des matériaux appliquée aux machines.
Cours de Résistance des matériaux et de stabilité des constructions.
1re *Partie.* Théorie et résultats d'expériences. Statique graphique. — 2e *Partie.* Poutres droites à une travée, charpentes, etc. — 3e *Partie.* Poutres continues. Poutres en arc. — 4e *Partie.* Murs de Réservoirs. Murs de soutènement. Voûtes. Ouvrages en béton armé.
Règlement ministériel du 8 janvier 1915.
Les murs de soutènement.

VII. — Hydraulique et Industries agricoles.

Notions élémentaires d'Hydraulique.
Notions sur les Moteurs hydrauliques.
Cours d'Hydraulique et applications :
1re *Partie.* Généralités. Vannes, déversoirs, tuyaux, canaux et aqueducs. Jaugeage des cours d'eau. — 2e *Partie.* Distribution d'eau et assainissement. — 3e *Partie.* Épuration des eaux et assainissement des cours d'eau. — 4e *Partie.* Moteurs hydrauliques. — 5e *Partie.* Aménagement des cours d'eau en vue de la production de l'énergie électrique. — 6e *Partie.* Formation. Entretien et aménagement des cours d'eau.
Cours de Barrages.
Cours de Drainage et irrigation.
Cours de Meunerie.

VIII. — Dessin graphique et appliqué à diverses spécialités. Croquis.

Cours de Dessin graphique.
Cours de Dessin industriel.
Instruction spéciale pour l'exécution du Dessin graphique.
Instruction pour l'exécution du Dessin d'architecture.
Instruction sur le Dessin des plans.
Instruction sur le Croquis à main levée.
Instruction sur le Croquis à main levée. Organes des machines.

IX. — Mécanique appliquée. Machines.

Éléments de Mécanique générale et de Mécanique appliquée.
Cours de Mécanique appliquée :
Livre I. Notions générales. Moments d'inertie. Centre de gravité. Résistances passives. — *Livre II.* Équilibre des systèmes matériels. Équilibre des machines. — *Livre III.* Force centrifuge. Volants et régulateurs.
Cours de Technologie Industrielle :
Livre I. Métaux et matières diverses. Organes des machines. — *Livre II.* Travail des métaux et des bois. Outillage industriel.
Cours de Thermodynamique.
Notions sur les Machines à vapeur.
Cours de Machines à vapeur :
1re *Partie.* Générateurs de vapeur. — 2e *Partie.* Moteurs à vapeur. — 3e *Partie.* Calculs et étude des principaux organes de machines.
Notions sur les Moteurs à explosion et à combustion.
Cours de Moteurs à gaz :
1re *Partie.* Étude théorique. Étude des gaz. Historique. Moteurs de moyenne puissance. — 2e *Partie.* Moteurs de grande puissance. Moteurs à combustibles liquides. — 3e *Partie.* Gazogènes. Entretien et Conduite.
Cours d'Automobiles :
Livre I. Moteurs. — *Livre II.* Voitures automobiles.